YOQUB SIDDIQOVICH SAIDOV
RA'NO RAUFOVNA SAYFULLAEVA

ESKI O'ZBEK TILI YODNOMALARI TILI VA USLUBI

YOQUB SIDDIQOVICH SAIDOV
RA'NO RAUFOVNA SAYFULLAEVA

ESKI O'ZBEK TILI YODNOMALARI TILI VA USLUBI

O'quv qo'llanma

GlobeEdit

Publisher:
GlobeEdit
is a trademark of
Dodo Books Indian Ocean Ltd., member of the OmniScriptum S.R.L Publishing group
str. A.Russo 15, of. 61, Chisinau-2068, Republic of Moldova Europe
Printed at: see last page
ISBN: 978-620-0-63021-6

YOQUB SIDDIQOVICH SAIDOV

RA'NO RAUFOVNA SAYFULLAEVA

ESKI O'ZBEK TILI YODNOMALARI

TILI VA USLUBI

O'quv qo'llanma

O'ZBEKISTON RESPUBLIKASI OLIY VA O'RTA MAXSUS TA'LIM VAZIRLIGI

Mualliflar :

Yoqub Siddiqovich SAIDOV, filologiya fanlari doktori, professor

Ra'no Raufovna SAYFULLAEVA, filologiya fanlari doktori, professor

ESKI O'ZBEK TILI YODNOMALARI
TILI VA USLUBI

O'quv qo'llanma

O'quv qo'llanma o'zbek filologiyasi ta'lim yo'nalishida tahsil olayotgan talabalar, magistrlar va o'qituvchilarga mo'ljallab tayyorlangan bo'lib, muallifning O'zbekiston Respublikasi Oliy va O'rta maxsus ta'lim vazirligining 2021 yil 18 avgust 356-buyrug'iga muvofiq « O'ZBEK AQABIY TILI TARIXI » darsligi asosida ilmiy ommaga taqdim etilmoqda.

Mas'ul muharrir : Bobokalonov Ramazon Rajabovich, filologiya fanlari nomzodi, dotsent

Taqrizchilar

G'ayrat Murodov, filologiya fanlari doktori, professor

Hulkar Hamroyeva, filologiya fanlari nomzodi

2021-yil

ANNOTATSIYA

O'zbek millati o'z adabiy tili va yozuviga ega bo'lgan eng qadimgi sanoqli xalqlardan biri bo'lib, ajdodlarining ijodiy tafakkuri va ulug' dahosi bilan yaratilgan eng qadimgi bitiklar, ilmiy, tarixiy va badiiy asarlar shu xalqning buyuk ma'naviy boyligidir. Ijtimoiy davr o'zbek xalqi uchun milliy manfaatlarini ta'minlash, madaniyat, azaliy qadriyatlar hamda ona tilini asrab-avaylash va rivojlantirish masalasiga ustuvor ahamiyat qaratish zaruriyatini taqozo etmoqda. Shunga ko'ra O'zbekistonda Mustaqillik davrida buyuk ajdodlardan asrlar osha bebaho meros sifatida yetib kelgan nodir asarlarni chuqur o'rganish, nashr etish va targ'ib qilish davlat siyosati darajasiga ko'tarildi.

Ayonki, o'zbek adabiy tili tarixining ob'ekti turkiy va o'zbek tili tarixida, xususan, eski turkiy til, eski o'zbek adabiy tili va yangi o'zbek adabiy tili davrida yaratilgan yozma yodgorliklardir. Bu yozma yodgorliklar tarkibiga badiiy, tarixiy va ilmiy asarlar hamda tarixiy lingvistik lug'atlar kiradi. O'zbek adabiy tili tarixida o'rganilishi muhim bo'lgan masalalar, asosan, quyidagilardir:

1. O'zbek tilini o'zbek xalqining tarixi, madaniyati, san'ati va adabiyoti bilan o'zaro bog'liqlikda, uning ijtimoiy ong, fan, madaniyat, adabiyot va san'at taraqqiyotiga ta'sirini, o'ziga xos xususiyatlarini tadqiq etish;

2. O'zbek adabiy tilini tarixiy-uslubiy jihatdan o'rganish, uning uslublarida yuz bergan tadrijiy va inqilobiy o'zgarishlarni ochib berish;

3. Hozirgi o'zbek adabiy tilining qadimgi turkiy til, eski turkiy til, eski o'zbek adabiy tili va yangi o'zbek adabiy tiliga munosabatini belgilash;

4. O'zbek xalqi tarixida o'zbek tilining ijtimoiy-siyosiy mavqeini belgilash;

5. O'zbek adabiy tilining yangi so'zlar bilan boyib borishini hamda unda mavjud so'zlarning yangi ma'noda qo'llanishlarini o'rganish, uning leksik jihatdan takomillashuvini aniqlash va h.k.

Ushbu ilmiy-ommabop risolada o'zbek adabiy tili tarixida muhim ahamiyat va o'ringa ega davr – eski o'zbek adabiy tilining yodgorliklari tavsiflangan, ularning til va uslubiy xususiyatlari faktik materiallar asosida ishonarli ochib berilgan, lug'aviy tarkibi mavzuiy guruhlar bo'yicha tasnif etilgan, leksik, qisman, fonetik hamda grammatik taraqqiyotiga doir ma'lumotlar umumlashtirilgan, matni lingvopoetik aspektda tahlil etilgan, mazkur davrda ijod etgan shoirlarning davr o'zbek adabiy tili taraqqiyotidagi o'rni baholangan. Risolada o'zbek adabiy tili tarixiga doir mavzular yangi ilmiy fikrlar bilan boyitilgan, ayniqsa, asarlar lug'aviy-badiiy nuqtai nazardan batafsil tahlil etilgan.

SHARTLI QISQARTMALAR

DTS – Древнетюркский словарь. –Ленинград: Наука, 1969. -676 с.

DLT – Маҳмуд Кошғарий. Девону луғотит турк / Таржимон ва нашрга тайёрловчи С.М. Муталлибов. I-III. –Т.: Фан, 1960-1963. Т. I. 1960. –499 б. Т. II. 1961. -427 б. Т. III. 1963. -461 б.

ML — Навоий. Муҳокаматул луғатайн. Танланган асарлар. 3 жилдли. (Нашрни Ойбек ва П.Шамсиевлар тайёрлаган) –Т.: Фан, 1948. –III жилд. – Б. 185-201.

MN — Хоразми. Мухаббат-наме // Фазылов Э. Староузбекский язык. Хорезмийские памятники XIV в. I-II. –Т.: Фан, 1966-1971. Т. I. 1966. -649 с.; Т. II. 1971. -777 с.; Хоразмий. Муҳаббатнома / Ўзбек адабиёти. 4 томлик. (Воҳид Зоҳидов таҳрири остида). -Т.: Бадиий адабиёт, 1959. -I том. –Б. 160-176.

NAL – Навоий асарлари луғати. –Т.: Адабиёт ва санъат, 1972. -791-б.

FZT — Фарҳанги тафсирии забони тожики. II жилд. –Душанбе: Пажўнишгони забон ва адабиёти Рўдаки, 2008. I. -950 б.; II. -945 б.

O`TIL – Ўзбек тилининг изоҳли луғати. I-II. –М.: Русский язык, 1981; Т. I. 1981. -631 б.; Т. II. 1981. -715 б.

O`TIL – Ўзбек тилининг изоҳли луғати. I-V. -Т.: Ўзбекистон миллий энциклопедияси, 2006-2008. Т. I. 2006. -680 б.; Т. II. 2006. -672 б.; Т. III. 2007. -688 б.; Т. IV. 2008. -608 б.; Т. V. 2008. -592 б.

O`TEL – 1) Раҳматуллаев Ш. Ўзбек тилининг этимологик луғати (туркий сўзлар). -Т.: Университет, 2000. -599 б.; 2) Раҳматуллаев Ш. Ўзбек тилининг этимологик луғати. II (араб сўзлари ва улар билан ҳосилалар). -Т.: Университет, 2001. – 599 б.; 3) Раҳматуллаев Ш. Ўзбек тилининг этимологик луғати. III (форсча-тожикча, тожикча бирликлар ва улар билан ҳосилалар). -Т.: Университет, 2009. -284 б.

O`XShL – Ўзбек халқ шевалари луғати. –Т.: Фан, 1971. -407 б.

QB — Юсуф Хос Ҳожиб. Кутадғу билиг. Текст ва хозирги ўзбек тилига тавсиф. (Нашрга Қ.Маҳмудов тайёрлаган). – Тошкент: Фан, 1971; Юсуф Хос Ҳожиб. Кутадғу билиг. (Б.Тўхлиев нашрга тайёрлаган) . –Т.: Юлдузча, 1990. -187 б.

TRANSKRIPSIYA

a – til orqa, lablanmagan, keng unli.

ä – til oldi, lablanmagan, keng unli.

e – til oldi, lablanmagan, o'rta-keng unli.

i – til oldi, lablanmagan, tor unli.

ï – til orqa, lablanmagan, tor unli.

o – til orqa, lablangan, o'rta-keng unli.

ö – til oldi, lablangan, o'rta-keng unli.

u – til orqa, lablangan, tor unli.

ü – til oldi, lablangan, tor unli.

ŋ – portlovchi, burun tovushi, sonor.

ESKI O'ZBEK ADABIY TILI MANBALARI
VA ULARNING TIL XUSUSIYATLARI

XIV asrning ikkinchi yarmidan XIX asr oxirlarigacha mavjud bo'lgan yozma kitobiy til eski o'zbek adabiy tili nomi bilan yuritiladi. O'rta asr turkiy adabiy tillari tarixidagi eng katta va ahamiyatli davr eski o'zbek tili davridir. Ushbu til eski turkiy tilning adabiy-lisoniy an'analari ta'siri ostida shakllandi va o'zbek elatining umumxalq adabiy tili sifatida amalda bo'ldi.

O'zbeklar alohida etnik birlik (elat) siftida dastlab O'rta Osiyoning markaziy viloyatlari — Movarounnahr, Xorazm, Yettisuv, qisman Sharqiy Turkistonning g`arbiy mintaqalarida shakllangan. O'zbek xalqining asosini hozirgi O'zbekiston hududida qadimdan o'troq yashab, sug`orma dehqonchilik, hunarmandchilik bilan shug`ullanib kelgan mahalliy sug`diylar, baxtariylar, xorazmiylar, farg`onaliklar, yarim chorvador qang`lilar, ko'chmanchi sakmassaget kabi etnik guruhlar tashkil etgan. Shuningdek, Janubiy Sibir, Oltoy, Yettisuv, Sharqiy Turkiston hamda Volga va Ural daryosi bo'ylaridan turli davrlarda Movarounnahrga kirib kelgan etnik komponentlar ham o'zbeklar etnogenezida ishtirok etganligi tarixdan ma'lum[1].

Ma'lumki, elatning shakllanishida til muhim ahamiyatga ega. O'zbeklar alohida etnik birlik (elat) bo'lib shakllangan davrda shu elat kishilariga xos umumiy til ham yuzaga kelgan. Agar o'zbek ajdodlarini alohida etnik birlik (elat) bo'lib shakllanish davrini IX-X asrlar deb tushunsak, uning elat tili ham shu asrlar ichida shakllangan bo'lishi mumkin.[2]

O'zbek etnonimining kelib chiqishi bo'yicha fanda aniq to'xtamli fikrga kelingan emas. Ayrim mualliflar Dashti Qipchoqda ko'chib yurgan turk-mo'g`ul qabilalarining bir qismi o'zlarini erkin tutganliklari sababli «o'zbek», ya'ni «o'z-o'ziga bek» deb atagan desalar, boshqalar «o'zbek» etnonimini Oltin

---

[1] Ўзбекистон миллий энциклопедияси. –Т.: ЎзМЭ, 2006. -12-том. –Б. 108.
[2] Шониёзов К. Ўзбек халқининг шаклланиш жараёни. –Т.: Шарқ, 2001. –Б. 71.

O'rda xoni O'zbekxon nomi bilan bog`laydi, boshqa yana bir guruh olimlar esa o'zbek nomi Oq O'rda (Dashti Qipchoqning sharqiy qismi)da ko'chib yurgan turk-mo'g`ul qabilalariga taalluqli bo'lgan degan fikrni bildiradilar.

Qoraxoniylar davrida Movarounnahr va Xorazmda siyosiy hokimiyat turkiy sulolalarga o'tishi munosabati bilan o'zbek xalqi etnogenezining yaquniy bosqichi boshlandi. G`arbiy Qoraxoniylar davlati doirasida hozirgi o'zbeklarga xos turkiy etnos qaror topdi. Mazkur davrda o'zbek xalqiga xos elatni belgilovchi hudud, til, madaniyat, tarixiy qismatining umumiyligi, etnik o'zlikni anglash, etnosning uyushqoqligi ma'lum bir davlat doirasida bo'lishi, din umumiyligi va bir qancha shu kabi boshqa etnik alomatlar shakllandi. Bu davrda o'zbeklarning umum elat tili qaror topdi. Movarounnahr va unga tutashgan mintaqalarda yashovchi turkiyzabon aholi: qarluq, chigil, yag`mo, tuxsi, xalach, arg`in, o'g`uz, qipchoq, uz, qang`li singari urug`lar o'zlarini bir xalq sifatida anglay boshlaganlar. XI-XII asrning birinchi yarmida o'zbeklar xalq sifatida shakllangan.[3]

Amir Temur va temuriylar davrida yuz bergan yuksak iqtisodiy va madaniy taraqqiyot natijasida Movarounnahrda adabiy til takomillashdi. Ilmiy asarlarda ushbu davr tiliga nisbatan «turkiy», «chig`atoy tili», «O'rta Osiyo turkiy adabiy tili» terminlari qo'llaniladi. Nazarda tutilgan davr o'zbek adiblari o'z tillarini *turkiy til* deb nomlaganlar. Eski o'zbek adabiy tili qadimgi va eski turkiy tilning bevosita davomi va hozirgi o'zbek adabiy tilining asosi hisoblanadi. Hozirgi o'zbek adabiy tili mazkur til zaminida yuzaga keldi va taraqqiy etdi.

Eski o'zbek tilining muhim xususiyatlaridan biri shuki, bu davrda yaratilgan asarlar tilida arabcha, forscha so'z va iboralar ko'p miqdorda qo'llanildi. Shu va boshqa sabablarga ko'ra kitobiy til bilan jonli til o'rtasida katta tafovut yuzaga keldi. Bulardan tashqari, lahja xususiyatlari ham hududlar bo'yicha keskin farq qilgan. Bunday xususiyatlar adabiy asarlarda o'z aksini

---

[3] Ўзбекистон миллий энциклопедияси. –Т.: ЎзМЭ, 2006. –Б. 109.

topdi. Movarounnahrda yozilgan adabiy asarlar tili bilan Xorazmda yozilgan adabiy asarlar tili o'rtasida ma'lum lahjaviy farqlar sezilib turadi.

Keyingi asrlar, ya'ni XV-XVI asrlarda yaratilgan, chunonchi, Alisher Navoiy va Bobur asarlarida qarluq, o'g`uz va qipchoq lahjalarining xususiyatlari aralash holda qo'llangan. Eski o'zbek tilining ilk shakllanish davrida yaratilgan badiiy asarlar tilida lahjaviy xususiyatlar yaqqol aks etgan bo'lsa, keyinchalik esa bunday lahjaviy xususiyatlar aralashib ketdi. Yagona va umumiy adabiy til shakllanish jarayoni boshlandi, tilning barqarorlashgan me'yorlari yuzaga keldi.

Alisher Navoiy, shubhasiz, eski o'zbek adabiy tilini eng yuqori pog`onaga ko'tardi. Uning badiiy-ilmiy asarlari asosida eski o'zbek adabiy tili mislsiz darajada taraqqiy etdi. Adib o'zining nazmiy va nasriy asarlari bilan bu tilni kamolotga etkazdi, uni davlat tili maqomi darajasiga olib chiqishga, uning ijtimoiy-siyosiy huquqlarini har tomonlama himoya qilishga harakat qildi.

Alisher Navoiydan keyin ijod etgan Boburning nasriy «Boburnoma» asarida eski o'zbek adabiy tili ancha soddalashtirildi, jonli so'zlashuv tiliga mumkin qadar yaqinlashtirildi. Bunday xususiyatni Alisher Navoiydan keyin ijod etgan deyarli barcha adiblarning nasriy asarlarida kuzatish mumkin. Nasriy asarlar tilini xalq jonli so'zlashuv tiliga yaqinlashtirish, u asosida yaratish tamoyili amalda bo'ldi. Nazmiy asarlarda esa eski o'zbek adabiy tili an'analari, xususan, Alisher Navoiy she'riy asarlari tili me'yorlari davom etdi.

XIX asrning ikkinchi yarmiga kelib nasriy asarlargina emas, nazmiy asarlar tili ham jonli tilga yaqinlashdi. Muqimiy, Furqat, Zavqiy va boshqalar shoirlarning asarlari ana shular jumlasidandir. Ayni shu davr, ya'ni XIX asr oxiri XX asr boshlari eski o'zbek adabiy tilidan hozirgi o'zbek adabiy tiliga o'tish bosqichi hisoblanadi.[4]

E'tiborga sazovor yeri shundaki, o'rta asrlarda eski o'zbek tili ("chig`atoy turkiysi") O'rta Osiyodagi barcha turkiy xalqlar uchun umumiy adabiy til

---

[4] Ўзбекистон миллий энциклопедияси. –Т.: ЎзМЭ, 2006. -5-том. -Б.219.

sifatida xizmat qildi. Temuriylar davrida takomillashib, yuksak bosqichga erishgan eski o'zbek adabiy tilining an'analari O'rta Osiyo turkiy xalqlari orasida uzoq davom etdi. Turli o'lkalarda – kerak Qashqarda, kerak Hirot, Yazd yoki Samarqandda bo'lsin yashab ijod etgan adabiyot ahlining asarlari bir-biriga tushunarli tilda ekanligining boisi ham shunda. O'zbek tili tarixida ushbu an'analar XX asr boshlariga qadar saqlanib qoldi[5].

Aytilganidek, eski o'zbek adabiy tili qadimgi va eski turkiy til davrida yaratilgan yozma yodgorliklar tili an'analari ta'sirida shakllandi. Bu til uzoq tarixiy davr mobaynida amalda bo'ldi. Atoiy, Sakkokiy, Lutfiy, Gadoyi, Yaqiniy ("O'q va Yoy munozarasi" nomli nasriy asari muallifi), Amiriy ("Dahnoma" va "Bang va Chog`ir arasinda munozar" asarlari muallifi), Alisher Navoiy, Zahiriddin Muhammad Bobur singari ulug` allomalar o'zlarining o'lmas asarlari bilan eski o'zbek tilini yuksak bosqichga ko'tardilar, uning keyingi takomil yo'lini belgilab berdilar.

Ulardan keyin, ya'ni XVI asrda ijod etgan Muhammad Solih "Shayboniynoma" nomli katta hajmli she'riy badiiy-tarixiy asari, Majlisiy "Qissai Sayfulmuluk" nomli dostoni, Hoja "Miftahul-adl" (Adolat kaliti), "Gulzor" nomli ahloqiy-ta'limiy prozaik asarlari, XVII-XIX asrlarda ijod etgan Turdi va Mashrab g`azallari, Abulg`ozi Bahodirxon "Shajarai tarokima" va "Shajarai turk" kabi tarixiy asarlari, Munis "Munisul-ushshaq" atalmish devoni, Ogahiy "Tavizul-oshiqin" nomli devoni va "Firdavsul-iqbol" nomli tarixiy asari, Gulxaniy "Zarbulmasal" asari bilan eski o'zbek adabiy tili taraqqiyotiga munosib hissa qo'shdilar.

---

[5] Содиков Қ. Тарихий лексикография / Ўкув қўлланма. –Т.: Тошкент давлат Шарқшунослик институти, 2012. –Б. 39.

XORAZMIY

«MUHABBATNOMA» ASARINING TIL XUSUSIYATLARI

Xorazmiy XIV asrda yashab, turkiy va forsiy tilda ijod etgan shoirdir. Uning, asosan, o'zbek, qisman tojik tilida bitilgan birgina «Muhabbatnoma» asari bizgacha yetib kelgan, xolos[6]. Asarning kirish qismida keltirilishicha, Oltin O'rda hududida hukmronlik qilgan Muhammad Xo'jabek shoirga qarata "forsiy tilda yozgan va qalblarni rom etgan ko'p asarlaring bor, sen muhabbat mavzusini yozishda ko'plardan o'tding, "shakartek til"ing bilan olamni egallading, bu qish mening yonimda bo'lib, bizning tilda bir kitob yozsang», deb aytadi. Ushbu fikrlardan anglashiladiki, Xorazmiy o'z davrida forsiy tildagi asarlari bilan mashhurlik darajasiga ko'tarilgan, ishq mavzusini mazkur tilda yozishda shoirga teng keladigani bo'lmagan, shu sabablarga ko'ra Muhammad Xo'jabek shoirni muhabbat mavzusida turkiy tilda ham asar yozishga undagan. Xorazmiy «Muhabbatnoma» asarini shu tariqa hijriy 754-, milodiy 1353-yilda yozadi.

Xorazmiy asarining maydonga kelishida Avhadiy Marog`aviy (1274-75; 1337-38)ning forscha yozilgan «Muhabbatnoma» dostonining ta'siri kuchli bo'lgan. Avhadiy va Xorazmiy asarlarining shakliy tuzilishidagi o'zaro farq shundaki, Avhadiy asarida nomalar oshiq va ma'shuqa nomidan yozilgan bo'lsa, Xorazmiy asarida esa nomalar, asosan, oshiqning mahbubasiga yo'llagan she'riy maktublaridan tashkil topgan.

«Muhabbatnoma»ning ikkita qo'lyozma nusxasi (uyg`ur va arab yozuvlarida) ma'lum. Shulardan eskisi uyg`ur yozuvidagi nusxa bo'lib, Britaniya muzeyida (inv. № 8193) saqlanadi. Nusxa Shohruxning Hirotdagi sarkardasi Mir Jaloliddin topshirig`i bilan Bakir Mansur tomonidan 1432-yilning martida Yazd (Eron) shahrida ko'chirilgan. U o'nta nomadan iborat.

---

[6] Хоразмий. Муҳаббатнома. // Ўзбек адабиёти. 4 томлик. (Воҳид Зохидов таҳрири остида). -Т.: Бадиий адабиёт, 1959. -I том. –Б. 160-176.

Asar 364 baytdan tarkib topgan. Asarning arab yozuvidagi ikkinchi nusxasi ham Britaniya muzeyida saqlanadi. U 1508-1509-yillarda ko'chirilgan bo'lib, 474 baytdan tarkib topgan. Mafoiylun mafoiylun fauvlun vaznida yozilgan.

Xorazmiy mazkur asari bilan o'zbek adabiyotida muhabbatnoma janri (noma janrining mumtoz adabiyotdagi bir turi)ga asos soldi. Ma'lumki, muhabbatnomada oshiq va ma'shuqaning o'zaro munosabati, kayfiyati hamda istak-orzusi bayon etiladi. Uning bosh qahramoni, odatda, oshiq — shoirning o'zidir. Unda lirika bilan epik tasvir unsurlari uyg`unlashadi. Muhabbatnomada shoir oshiq obrazi timsolida o'zining ijtimoiy-falsafiy qarashlarini, jamiyatning ayrim muammolariga munosabatlarini badiiy ifodalaydi. Bunday turdagi asarlarning kompozitsion kurilishi maktub, unga javobning, g`azal, fard, masnaviy va ruboiylardagi izchil bayonidan iborat bo'ladi.

Xorazmiyning mazkur asarining tuzilishi ham an'anaviy tartibda, ya'ni dastlab noma, keyin g`azal, undan keyin masnaviyni ifodalash tarzida shakllantirilgan. "Muhabbatnoma" asari oshiqning o'z ma'shuqasiga yozgan she'riy maktublari shaklida tuzilgan. Asarda jami o'n bir noma berilgan bo'lib, ulardan sakkiztasi o'zbek tilida, qolgan uchtasi forsiy tilida yozilgan.

Alisher Navoiy «Muhokamat-ul lug`atayn» asarida o'zbek tilida katta holni ifodalovchi maxsus *meng* so'zi borligini aytib, «Muhabbatnoma»dan quyidagi baytni keltiradi:

Aningkim, al enginda meng yaratti,

Bo'yi birla sochini teng yaratti.

Xorazmiy "Muhabbatnoma" asarini tun boshlanib, "bayram oyi" ko'ringanda Muhammad Xo'jabek bazm qilishni buyurganligi, qadah va may keltirilganligi, bazm boshlanib, sozanda "Husayniy" kuyini chalganligi, ashulachi esa bir g`azalni kuyga solib, aytib berganligi bilan boshlaydi:

Husaynïy pardasï uzra tuzub soz,

Mug`annïy bu g`azalnï qïldï og`oz.

Shoir asari tilida "Shashmaqom" tarkibiga kiruvchi kuy nomi – "Husayniy"ning alohida qayd etilishi shundan dalolat beradiki, shoir yashagan davrda mazkur kuy keng ommalashgan kuylardan biri bo'lgan.

"Muhabbatnoma" asarining tili xalq tiliga ancha yaqin va uslubi ravon, uning yaratilganiga necha asrlar o'tganligiga qaramay hozir ham uni o'qib tushunish mumkin. Asar tilidagi ko'pgina so'zlar hozirgi o'zbek adabiy tilida faol qo'llaniladi. Bunday so'zlar jumlasiga umumturkiy *tun, oy, ko'ngul* (ko'ngil), *til, eshik, suv, kishi, arslon, ov, tong* kabi; forsiy *parda, baxt, jamol, husn, chehra, dard, dilbar* kabi; arabiy *ishq, g`azal, qibla, muhabbat, vafo, umr, mehnat, fotiha, saodat* kabilarni aytib o'tish mumkin.

"Muhabbatnoma" asarida qadimgi turkiy so'zlardan *ochun* (dunyo, olam), *qamuq* (hamma, barcha, jami), *dag`i* (yana, tag`in), *ev* (uy, xona), *uchmoq* (jannat), *qamuq* (do'zax, jahannam) kabilar qo'llangan. Biroq bu kabi izohtalab qadimgi turkiy so'zlarning miqdori ko'p emas. Asar tilida joy nomlari – toponimlardan *Kashmir, Saroy, Chin-Mochin, Sir, Misr, Iroq, Rum* kabilar uchraydi. Hozir Sirdaryo deb ataladigan daryo nomi asarda *Sir* deb berilgan.

Xorazmiy asarida ma'nodosh so'zlardan mahorat bilan foydalangan. U umumturkiy *ko'rk* va forsiy *husn*, arabiy *jamol* va forsiy *chehra*, arabiy s*aodat* va forsiy *baxt* so'zlarini ma'nodosh so'zlar sifatida qo'llab, asarining ta'sirchanligini oshirgan. Shoir diniy sig`inish va e'tiqod qilishning ob'ekti sifatida namoyon bo'ladigan ilohiy kuchni arabiy *Haq*, forsiy *Xudo, Yazdon* va umumturkiy *Tangri, Yaratuvchi* kabi sinonim so'zlar bilan atagan. Asarda ayrim so'zlar ko'chma ma'nolari bilan sinonimik munosabatda qo'llangan. Masalan, arabiy *davlat* so'zi ko'chma ma'nosida forsiy *baxt* so'zi bilan sinonim sifatida qo'llangan.

Asar tilida umumturkiy *o'lum* (o'lim) va arabiy *hayot*, qadimgi turkiy *uchmoq* va forsiy *do'zax*, forsiy *dard* va *darmon*, arabiy *jafo* va *vafo* so'zlari o'zaro qarshilantirilib, tazod badiiy san'ati voqelantirilgan. Asar tilida ayrim matniy antonimlar ham mavjud. Masalan, *podsho* so'zi bilan *gado* so'zlari o'zaro matniy zidlantirilgan:

> Seningdek podshoning marhabosi,
>
> Meningtek ming gadoning xun bahosi.

Baytda *podsho* so'zi *ma'shuqa*ni, *gado* so'zi esa *oshiq*ni majoziy ma'noda ifodalab kelgan.

Asar tilida singarmonizm hodisasi namoyon bo'lgan. Unda nafaqat unlilar, balki undoshlar ohangdoshligi ham o'z ifodasini topgan. Qo'shimchalar so'zning o'zak qismiga ko'ra moslashgan: so'*zung* (so'zing), *qo'lum* (qo'lim), *vafoliq* (vafolik) kabi.

Asar tilida eng faol so'z yasovchi qo'shimchalar sifatida -*liq*//-*luk* va -*chi* qo'shimchasini aytish mumkin. -*liq*//-*luk* qo'shimchasi vositasida *vafoliq, yiroqliq, ko'rkluk* kabi mavhum belgini ifodalovchi otlar yasalgan. Misol:

> Yaratqonkim, tan ichra jon yaratti,
>
> Seni ko'rkluklar uzra xon yaratti.

Asarda -*chi* qo'shimchasi bilan yasalgan ayrim so'zlar jumlasiga esa *barbatchi, uyquchi* kabilarni aytish mumkin. Ayonki, *barbat* so'zi ikki qismdan, ya'ni forsiy *bar* va arabiy *bat* so'zlaridan tarkib topgan bo'lib, uning lug'aviy ma'nosi *o'rdak shaklida yasalgan qadimgi cholg'u asbobi*dir. Asarda bu so'z bilan bog'liq "barbatchi Nohid" birikmasi keltirilgan. *Nohid* forsiy so'z bo'lib, u Zuhra (Venera) planetasi ma'nosini ifodalaydi (NAL,471). –*chi* qo'shimchasi ot (*barbat*)ga qo'shilib, kasb, hunar ma'nosini ifodalovchi ot yasalgan, ya'ni mazkur cholg'u asbobini chaluvchi sozanda ma'nosi hosil bo'lgan. *Uyquchi* so'zida esa -*chi* affiksi *uyqu* fe'liga qo'shilib, uyqu harakatini bildiruvchi shaxs oti yasalgan.

Asar tilida tarixiy shaxslar (*Muhammad Xo'ja, Hotami Toy, Jamshid, Aflotun* (Platon) kabi); mumtoz adabiyotda an'anaviy tarzda qo'llanilib kelingan badiiy asar qahramonlari (*Layli, Majnun, Shirin, Farhod, Xisrav, Rustam* kabi); payg'ambar va farishta (*Sulaymon, Yusuf, Horut* (afsonaga ko'ra ko'kdan er yuziga haydalgan ikki farishtaning biri) kabi) nomlari keng qo'llangan. Shoir mazkur tarixiy shaxslar, badiiy asar qahramonlari, payg`ambar va farishta nomlari – antonomaziyalarni majoziy ma'noda qo'llab, ular vositasida talmeh badiiy san'atini voqelantirishga harakat qilgan. Misol:

O'g`on Yusuf jamolin sizga berdi,

Muhabbat kimyosin bizga berdi.

Mazmuni: lirik qahramon ma'shuqasiga qarata shunday deydi: O'g`on, ya'ni Yaratgan senga go'zallikda olamda tengsiz Yusuf jamolini berdi, menga esa muhabbat kimyosini, ya'ni muhabbat oltinini, muhabbatdek nodir tuyg`uni berdi. Ma'lumki, mumtoz adabiyotda Yusuf payg`ambar nomi go'zallik ramzi sifatida ifodalanadi. Xorazmiy asarida ham u go'zallik majoziy ma'nosida kelgan.

Alohida e'tirof etish o'rinliki, shoir kishi ismlarini ko'chma ma'noda qo'llab, yorqin, esda qoladigan ta'sirli lavhalar yarata olgan. Asar tilida aksariyat kishi ismlari ma'lum bir timsol vazifasini bajargan. Bunga misol sifatida Hotami Toy nomini aytish mumkin. Misol:

Kel, ey, soqï keturgil lolagun may,

Kim ul may qïldi ko'pni Hotami Tay.

Ayonki, shoir va lashkarboshi Hotam taxminan VI-VII asrlarda Yamanda yashagan, saxiyligi va yaxshiligi bilan Sharq mamlakatlarida dong taratgan shaxs. Unga Toy nomining qo'shib aytilishiga sabab, u shu nomdagi qabiladan bo'lgan. Hotami Toy nomi badiiy adabiyotda, asosan, majoziy ma'noda, ya'ni yaxshilik, saxiylik va olijanoblik ramzi bo'lib, yashab kelmoqda.

Asar tilida ayrim yulduz va sayyora nomlari, chunonchi, forsiy *Zuhra* (Venera, Cho'lpon), arabiy *Atorud* (Merkuri) kabilar ifodalangan. Ma'lumki, mumtoz adabiyotda Zuhra yulduzini shoirlar osmon sozandasi, cholg`uchisi sifatida tasvirlaganlar. Atorud sayyorasi esa shoirlar homiysi hisoblangan. "Muhabbatnoma" asarida ham ushbu yulduz va sayyora nomlari mazkur majoziy ma'nolarda qo'llangan. Misol:

Bu Xorazmiy "Muhabbatnoma"sini,

Atorud ko'rdi, soldi xomasini.

Shoir aytmoqchi, men ushbu asarimni boshlaganimda, shoirlar homiysi hisoblangan Atorud "xomasi", ya'ni qalamini yozishga tayyorlab, shay qilib qo'ydi. Shoir yor go'zalligi, vasli va oshiq kechinmalarini tasvirlashda xilma-xil badiiy til vositalaridan mohirlik bilan foydalangan. U ma'shuqani ifodalash uchun *jon, jonona, podshoh//podsho//shoh, ko'rkaboy* (juda chiroyli, husnli), *sulton, gul, oy, quyosh, dilsiton* (dilni oluvchi, ko'ngilni o'ziga asir etuvchi, dilbar), *jonu jahon, sanam* kabi so'zlardan metafora sifatida foydalangan. Oshiq tushunchasini ifodalash uchun esa *miskin, gado, qul* kabi istioraviy so'zlarni qo'llagan. Misol:

Salomimni tegur ul dilsitong`a,

Rahimsiz bevafo jonu jahong`a.

Asar tilida eng ko'p qo'llanilgan badiiy san'atlardan biri tashbihdir. Misol:

Bo'yung sarvu sanubartek, beling qïl,

Vafo qïlg`on kishilarga vafo qïl.

Ma'lumki, s*arv* so'zi forsiy bo'lib, u mumtoz adabiyotda *go'zal sevgilining qaddi-qomati; go'zal sevgilining o'zi; go'zal yor; xushqomat sevgili* kabi majoziy ma'nolarda qo'llangan [NAL,547]. Mazkur baytda s*arv* so'zi bilan yonma-yon kelgan s*anubar* (sanobar) so'zi esa Sharq adabiyotida yuqoridagi ko'chma ma'noga yaqinroq, ya'ni qaddi-qomati kelishgan, xushqomat majoziy ma'noda ifodalangan. Anglashiladiki, shoir s*arv* va s*anubar* so'zlarining ko'chma ma'nolarini ma'nodosh so'zlar sifatida qo'llagan, ma'shuqaning bo'yini sarv va sanobar daraxtiga o'xshatib, tashbih san'atini yaratgan. Shoirning mahoratli va iste'dodli ekanligi shundan bilinadiki, u mazkur baytning o'zida ham tashbih, ham *qil* omoleksemasi vositasida tajnis badiiy san'atini voqelantirgan. Ayonki, *qil* so'zi umumturkiy bo'lib, u *ot va ba'zan boshqa hayvonlar dumi yoki yolining har bir tolasi* ma'nosini ifodalaydi.

Baytning birinchi misrasida *qil* so'zi ushbu ma'noda, ya'ni s*och, yol, dum tolasi* ma'nosida qo'llanilgan. Ikkinchi misrada esa *qil* so'zi *bajarmoq, amalga oshirmoq* kabi harakat ma'nolarida kelgan.

Shoir ma'shuqaning yuzini umumturkiy *quyosh, oy, chechak,* arabiy *qamar* (oy) va forsiy *gul, xurshid* (quyosh, oftob) va s*uman* (yosmin, oq, sariq rangli xush is gul)ga, husnini umumturkiy *tong yog`dusi va forsiy firdavs* (jannat bog`i)ga, tili (so'zi)ni forsiy *shakar*ga qiyoslaydi. Misol:

Quyosh yanglïg` yuzungizni yorutti,

Falakdek bizni sargardon yaratti.

Mazkur baytning mazmuni shundayki, Yaratgan sening yuzingni quyosh kabi yoritdi, meni esa osmon kabi sargardon yaratdi. Asarning ko'p o'rinlarida shoir umrni umumturkiy *el* (shamol) va forsiy *gul*ga o'xshatadi. Misol:

Ayo nomehrïbon ahdï baqosiz,

Jahon eltek, umr gultek vafosiz.

Ushbu baytda shoir *jahon* so'zi vositasida *umr, gul* so'zi orqali esa *yor, ma'shuqa* tushunchasini ifodalashga harakat qilgan. Shoir aytmoqchi, umr shamoldek tez o'tib ketadi, u ma'shuqadek senga vafo qilmaydi.

«Muhabbatnoma» o'zbek nomachilik janri taraqqiyotiga kuchli ta'sir ko'rsatgan asardir. Uning bevosita ta'sirida Sayyid Ahmadning «Taashshuqnoma», Xo'jandiyning «Latofatnoma», Yusuf Amiriyning «Dahnoma» kabi asarlar yaratilgan. Asarning o'zbek adabiy tili taraqqiyotidagi o'rni ham ahamiyatlidir. Unda yuksak mahorat bilan istifoda etilgan badiiy san'atlar bir necha asrlardan beri kishilar qalbiga badiiy-estetik nuqtai nazardan go'zallik va nafislik tuyg`ularini ekib kelmoqda.

ATOIYNING O'ZBEK ADABIY TILI TARAQQIYOTIDAGI
O'RNI

O'zbek madaniyati, tili va adabiyoti taraqqiyotida Atoiyning alohida o'rni bor. U Alisher Navoiyga qadar ijod etgan eng iste'dodli shoirlardan biridir. Shoir o'z asarlari bilan XV asr o'zbek dunyoviy adabiyotigagina emas, balki o'zbek adabiy tili taraqqiyotiga ham munosib hissa qo'shdi.

Atoiyning hayoti va ijod yo'li to'g'risida ma'lumotlar ko'p emas, juda oz. *Uning XV asrda Samarqand, Buxoro va Balxda yashaganligi, turkiy va fors tillarida ijod qilganligi ayrim manbalarda aytilgan, xolos.* Shoir hayoti va ijodiy merosiga oid ilk ma'lumotlar Alisher Navoiy asarlarida mavjud. U "Muhokamatul-lug'atayn" asarida Temur Ko'ragon hukmronligi davridan to uning farzandi Shohrux Mirzo zamonining oxirigacha turkiy tilda ijod qilgan mashhur shoirlar Sakkokiy, Haydar Xorazmiy, Muqimiy, Yaqiniy, Amiriy va Gadoiylar qatorida Atoiyni ham hurmat bilan tilga oladi.[7]

Shuningdek, Alisher Navoiy "Majolisun-nafois" tazkirasida ham Atoiy hayoti va ijodiga alohida to'xtalib, quyidagilarni yozadi: "Mavlono Atoiy Balxda bo'lur erdi. Ismoil ota farzandlaridindur, darveshvash va xushxulq va munbasit kishi erdi. Turkigo'y erdi. O'z zamonida she'ri atrok *(turkiy tilda so'zlovchilar)* orasida ko'p shuhrat tutti. *Bu matla' aningdurkim:*

Ul sanamkim suv qïrg'og'ïnda parïdek o'lturur,

G'oyatï nozuklugidin suv bila yutsa bo'lur.

Qofiyasida aybg'inasi bor. Ammo Mavlono ko'p turkona aytur erdi. Qofiya ihtiyotig'a muqayyad ermas erdi. Qabri Balx navohisidadur.»[8]

Mazkur fikrdan anglashiladiki, Atoiy nasab jihatidan Ahmad Yassaviyga borib taqaladi. Alisher Navoiy tilga olgan Ismoil ota Ahmad Yassaviyning inisi

---

[7]Навоий. Мажолисун-нафоис. Танланган асарлар. (Нашрга Ойбек ва Порсо Шамсиевлар тайёрлаган). III том. –Т.: Фан, 1948. –Б. 7-153.
[8]Навоий. Мухокаматул луғатайн. Танланган асарлар. 3 жилдли. (Нашрни Ойбек ва П.Шамсиевлар тайёрлаган) –Т.: Фан, 1948. –III жилд. –Б. 185-201.

*Ibrohim otaning o'g`lidir. Buni «Nasoim ul-mahabbat» («Muhabbat shabadalari»)* asarida Ismoil ota Ahmad Yassaviyning inisi Ibrohim otaning o'g`li ekanini aytadi. Atoiy devonining muqovasida va qo'lyozmaning oxirida «Devoni Shayxzoda Atoiy» deb qayd etadiki, bundan ham Atoiyning ijtimoiy kelib chiqishi shayxlar nasl-nasabiga borib taqalishini anglash mumkin.

Atoiydan bizgacha 260 ta g`azaldan iborat yagona devon yetib kelgan bo'lib, u hozirda Sankt-Peterburgdagi Sharqshunoslik institutining Sharq qo'lyozmalari bo'limida 22 V-2456 raqami bilan saqlanadi.

Atoiy hayoti va ijodini o'rganish ishini A.N.Samoylovich boshlab berdi. U 1927-yilda chop ettirgan «Chig`atoy shoiri Atoiy» nomli maqolasida qo'lyozmani birinchi marta tavsif qiladi, shoir hayotiga oid ayrim mulohazalar bildiradi va uning 17 ta g`azalini e'lon qiladi.[9] Shundan keyin shoir asarlarini chop etish, uning hayoti va ijodini o'rganish ishlari boshlab yuboriladi. Fitrat 1928-yilda Atoiyning 15 ta g`azalini A.N.Samoylovich nashridan olib, "O'zbek adabiyoti namunalari" to'plamida nashr ettiradi.[10] Adabiyotshunos Ergash Rustamov 1958-yilda shoirning 173 ta g`azalini tanlab olib, alohida kitob holida chop ettirdi.[11] S.G`anieva 1988-yilda E.Rustamov nashridagi 167 g`azalni tanlab, "Hayot vasfi" to'plamiga kiritdi.[12] Sayfiddin Rafiddinov 1991-yilda E.Rustamov nashrini asos qilib olib, shoirning chop etilmagan 77 ta g`azalini qo'shib, alohida kitob holida e'lon etdi.[13] Ergash Ochilov esa 2011-yilda E.Rustamov, S.Rafiddinovlar nashriga tayanib, Atoiy g`azallarini chop ettirdi.[14]

Atoiy hayoti va ijodi adabiyotshunos E.Rustamov va S.Rafiddinov kabilar tomonidan o'rganilgan.[15] S.Rafiddinovning "Majoz va haqiqat"

---

[9] Самойлович А.Н. Чигатайский поэт XV века Атаи. -Записки коллегии востоковедов. II вып. 2. -Л., 1927.

[10] Ўзбек адабиёти намуналари. I том. -Т., 1928.

[11] Отойи. Танланган асарлар (нашрга тайёрловчи Эргаш Рустамов). - Т.: Бадиий адабиёт, 1958. -200 б.

[12] Атойи. Газаллар. (нашрга тайёрловчи Суйима Ғаниева) // Ҳаёт васфи. - Т., 1988. -Б. 285-452.

[13] Девони Шайхзода Атойи (нашрга тайёрловчи Сайфиддин Рафиддинов). -Т., 1991; Девони Шайхзода Атойи (иккинчи нашри). -Т.: Фан, 2008.

[14] Атойи. Жондан азиз жонона (нашрга тайёрловчи Эргаш Очилов). - Т.: Шарқ, 2011. -302 б.

[15] Рустамов Э. Узбекская поэзия в первой половине XV века. -Т.: Фан, 1963; Рафиддинов С. Мажоз ва ҳақиқат.. -Т.: Фан, 1995.-154 б.

monografiyasida Atoiyning poetik mahorati maxsus tadqiq etilgan, shoirning hayoti, devon tuzilishi, g`azallarining g`oyaviy-badiiy fazilatlari kabi qator masalalar atroflicha tahlil qilingan. Shuni alohida ta'kidlash lozimki, shoirning ijodiy merosi o'zbek tilshunosligida maxsus tadqiq etilmagan.

Atoiy asarlarining g`oya-mazmunini, falsafiy, mantiqiy, lisoniy, semantik va poetik xususiyatlarini yaxlit tahlil etish, shoirning xalqimiz badiiy-estetik tafakkuri rivojidagi o'rnini aniqlash, uning xizmatlarini to'g`ri baholash, o'zbek adabiy tili lug`at tarkibini boyitishdagi tarixiy ahamiyatini yoritish muhim vazifalardan biridir.

Atoiy xalq og`zaki ijodi ruhida tarbiyalanganligi, uni yaxshi bilganligi va ulardan ijodiy foydanlanganligini g`azallaridan bilish mumkin. Shunga ko'ra shoir g`azallarining tili xalq og`zaki ijodi namunalari kabi sodda, ravon va musiqiydir. Aniqlanishicha, Atoiy 260 ta g`azalidan 109 tasini xalq qo'shiqlari vaznida yaratgan. Bu uning xalq tili boyliklaridan unumli foydalanib, ijod etganligini ko'rsatadi.

Atoiy g`azallarida xalqning ma'naviy qiyofasi, orzu-umidlari, tabiat va jamiyat hodisalari haqidagi xulosa va tavsiyalari mujassam xalq maqollariga katta e'tibor bergan. Ulardan g`azallarini mazmunli va ta'sirli etish maqsadida ko'p foydalangan. Bunga doir ayrim misollarni quyida keltirib o'tamiz:

Bo'ldi bag`rim suv g`amingdin, "yaxshiliq qil, sal sug`a",

Axir, ey gul, xirmanni, albatta, zar ekkan o'rar,

Atoiy g`azallarida muayyan sifatlarning namunaviy yig`indisiga ishora qiluvchi ramziy nomlar, ya'ni prestedent nomlar juda ko'p miqdorda uchraydi. Bunday nomlar jumlasiga *Yusuf, Ya'qub, Farhod, Shirin, Ayyub, Jamshid, Sulaymon, Iso, Mustafo, Masih, Nux, Bilol* kabilarni aytib o'tish mumkin. Misollar:

Ey Masihim, men zaïfï xastadïlnï bir nafas,

So'rmasang, o'lmaktin o'zga koru borim yo'qturur.

Yoki

Yuzi husn ichra *Yusuf*cha tuman ming,

Vale zulfi *Sulaymon* lashkaridur.

Atoiyning mazkur baytida *Yusuf* va *Sulaymon* obrazi bilan bog`liq talmehlar qo'llangan. Ma'lumki, Yusuf va Sulaymon haqidagi rivoyatlar "Qur'on" suralarida hamda boshqa tafsirlarda ko'plab keltirilgan. Yusuf go'zallik, Sulaymon esa kuch-qudrat, hashamat timsolidir. Atoiy yuqorida keltirib o'tilgan talmehlardan mahorat bilan foydalangan.

Shoir asarlari tilida *Hindiston, Alburz* (Elburs tog`i), *Alvand* (Hamadondagi baland tog`), *Totor, Xo'tan* (mumtoz adabiyotda odatda bu shahar ayollari bag`oyat go'zal, ipakli matolari esa juda nafis sifatida tasvirlanadi), *Adan* (Yamanning janubida joylashgan shahar), *Chin* (Xitoy), *Xaybar* (628-yilda Muhammad alayhissalom zabt etgan qal'a), *Misr* kabi joy, *Dajla* (Iroqdagi daryo), *Jayhun* (Amudaryo), *Aras* (Turkistondagi kichik daryo) kabi daryo nomlari keltirilgan.

Atoiy g`azallarida ma'shuqaning tishi *dur*ga, yuzi *gul, lola* va *xurshid*ga, ko'zi esa *cho'lpon*ga o'xshatilgan. Mahbuba tushunchasi *oy, moh, gul, dilrabo, shohsuvar, pariruxsor, shaho, sangdil* (bag`ritosh, berahm), oshiq tushunchasi esa *qul, gado, banda, xoksor* kabi ko'chma ma'noli so'zlar vositasida ifodalangan

Shaho, bizga nazar qïlsang, ne bo'ldi?

Gadoni mo'tabar qïsang, ne bo'ldi?

Shoir g`azallari tilida ma'lum miqdorda qadimgi turkiy so'zlar qo'llangan. Bunday so'zlar jumlasiga *asru* (juda ko'p, behisob), *dag`i* (yana, tag`in), *yasoq* (jazo), *ev* (uy, xona), *qamuq* (hamma, barcha), *meng* (katta xol) kabilarni aytib o'tish mumkin. Atoiy qo'llagan qadimgi turkiy so'zlarning deyarli barchasi Alisher Navoiy asarlarida uchraydi.

G`azallar tilidagi forsiy va arabiy tillarga oid so'zlarning bir qismi hozirgi o'zbek adabiy tilida qo'llanilmaydi. Forscha-tojikcha *xo'b* (yaxshi), *xo'blar* (yaxshilar), *kor* (ish), *dast* (qo'l), *mohi* (baliq), *dandon* (tish), *roh* (yo'l);

arabcha *funun* (hunar, odat), *talaf* (halok, yo'q bo'lish), s*amin* (qimmatbaho), *musohib* (suhbatdosh), *barid* (xat-xabar eltuvchi) kabi so'zlar hozirgi o'zbek adabiy tilida iste'molda emas.

Atoiy harfiy san'atlardan mahorat bilan foydalangan ijodkorlardan biridir.

> *Jim* zulfung, nun qoshïng qasdï jon aylab edi,
> Boqï bo'lsun, lutf etib kirdi *alif* qadding aro.

Ushbu baytda keltirilgan arabiy harf nomlari – *jim, nun* va *alif* harflari kitobat badiiy san'atini yuzaga keltirgan. Ma'lumki, mumtoz adabiyotda *alif* harfi *tik qomat, jim* harfi yor *zulfi, nun* harfi esa *egilgan qomat* va *yorning qoshi* majoziy ma'nolarda istifoda etiladi. Atoiy *jim* harfining yozma shakli changakka o'xshaganligi, *nun* harfining yozma shakli qayrilmaligi, *alif* harfining esa yozma shakli tik hamda to'g`riligini e'tiborga olib, ularni yor uzvlari tasvirini ifodalashda foydalangan. Mazkur baytda yor zulfi *jim* harfiga, qoshi *nun* harfiga, qaddi-qomati esa *alif* harfiga tashbih etilgan.

Atoiy xalq og`zaki ijodiga tayanib, o'ziga xos soddalikka, fikr-tuyg`ularini xalq ruhi va tiliga yaqin bo'lgan maqol, masal, quyma iboralar, ko'chimlar — o'xshatish, metaforalar bilan sayqallashga erishgan shoirlardan biridir. Uning ijodi o'ziga xos mahorat maktabi, ilhom manbai va adabiyotimizning nodir ma'naviy boyligidir. Mumtoz adabiyotimiz va o'zbek adabiy tili tarixida shoirning munosib o'rni borligini alohida ta'kidlab aytish maqsadga muvofiqdir. Uning badiiy asarlari ma'naviyatimizni boyitishi, adabiyotimiz rivoji va adabiy tilimiz tarixining muayyan davriga xos xususiyatlarini ilmiy jihatdan puxta o'rganishga xizmat qilishi, shubhasizdir. Shuning uchun ham shoirning adabiy faoliyati va asarlarining til xususiyatlarini bundan ham kengroq o'rganish adabiyotshunoslik va tilshunoslikning muhim vazifasidir.

SAKKOKIY ASARLARINING TIL
XUSUSIYATLARI

O'zbek adabiyoti rivojida Sakkokiy alohida o'rin tutadi. U Alisher Navoiyigacha o'zbek tilida ijod etgan mashhur shoirlardan biridir. Sakkokiyning tug'ilgan va vafot etgan yillari xususida aniq ma'lumotlar mavjud emas. Shoirning hayoti bo'yicha tarixiy ma'lumotlar juda oz. Bu masalani yoritishda, asosan, uning qo'lyozma devoni va boshqa mualliflar tomonidan keltirilgan ba'zi bir materiallar asosiy manba bo'lib xizmat qiladi.[16]

Sakkokiyning qo'lyozma devonidagi tarixiy shaxslar – Xalil Sulton, Arslon Xo'ja Tarxon, Xo'ja Muhammad Porso va Ulug'beklarga bag'ishlangan qasidalardan bilish mumkinki, shoir XIV asrning oxirgi choragi va XV asrning birinchi yarmida Movarounnahrda yashab ijod etgan. Ma'lumki, Xalil Sulton 1384-1411-yillarda yashagan va bobosi Amir Timur vafotidan keyin 1405–1409-yillarda hokimiyatni boshqargan temuriyzodalardan biridir. Tarixiy manbalarda keltirilishicha, uning adabiyotga qiziqishi yuqori darajada bo'lgan, saroyda adabiy yig'inlarni muntazam tashkil etishga harakat qilgan va o'zi ham o'zbek tilida she'rlar yozib, ularni shu yig'inlarda o'qigan.

Sakkokiy madh etib, qasida yozgan Arslon Xo'ja Tarxon (Arslon Xojatarxon) esa XV asrning birinchi yarmida yashagan davlat arbobi va shoirdir. U Ulug'bekning ishonchli amirlaridan, Sabron shahrining hokimi bo'lgan. Sakkokiy ma'lum davr uning saroyida yashagan. Arslon Xo'ja Tarxon qadimgi turkiy qo'lyozmalarni, chunonchi, Ahmad Yugnakiyning «Hibat ul-haqoyiq» asarini maxsus ko'chirtirgan. Asar 1444-yilda Samarqandda ko'chirtirilgan. Arslon Xo'ja Tarxon qo'lyozma oxirida Ahmad Yugnakiy haqida «Adibning yeri oti Yugnak erur, Sifoti ajab yer, ko'ngillar yorur...» misralari bilan boshlanuvchi o'n baytli masnaviyni ilova qildirgan.

---

[16] Муниров Қ. Саккокий. // Саккокий. Танланган асарлар. –Т.: Бадиий адабиёт, 1958. –Б. 5.

Ayonki, Sakkokiy qasida yozgan Xoja Muhammad Porso (1348-1420) esa Markaziy Osiyo xalqlari ma'naviyatida, islom va tasavvuf tarixida chuqur iz qoldirgan allomalardan biri bo'lib, u tasavvuf ilmi bo'yicha Naqshbandiya maktabi asoschisi Bahouddin Naqshbandning sadoqatli va sevimli shogirdidir. Alloma o'z davrida va undan keyin Markaziy Osiyoda naqshbandiya oqimining eng yirik vakili hamda targ'ibotchisi sifatida nom qozongan, o'z davrining yirik olimlaridan biri sifatida mashhur bo'lgan.

Sakkokiy shoirning taxallusidir, uning nomi ma'lum emas. *Sakkok* arabcha so'z bo'lib, ma'nosi «pichoqcha» demakdir. Alisher Navoiy "Majolisun-nafois" asarida Sakkokiy to'g'risida quyidagilarni yozadi: "Mavlono Sakkokiy Movarounnahrdindur. Samarqand ahli anga ko'p mu'taqiddurlar va bag'oyat ta'rifin qilurlar. Ammo faqir Samarqandda erkanda muarrif (*tanituvchi, bildiruvchi* – Y.S.)laridin har necha tavahhus qildimkim, aning natoij tab'idin bir nima anglayin; ta'rif qilg'onlaricha nima zohir bo'lmadi. Barchadin qolsalar so'zlari budurkim, Mavlono Lutfiyning barcha yaxshi so'zi aningdur, o'g'urlab, o'z otig'a qilibdur. Ul yerlarda bu nav' o'xshashi yo'q mazasiz mukobara (kibrlanish, o'ziga bino qo'yish – *Y.S.*)lar gohi voqi' bo'lur, bori ba'zisi ta'rif qilibkim o'qurlar, bu matla'ni anga isnod qilurlarkim:

> Ne nozu bu, ne shevadur, ey jodu ko'zluk sho'x shang,
> Kabki dariyu tovusda yo'q, albatta, bu raftor nang.

Qabri ham ul sori-o'qdur…"[17]

Shoirning to'liq devoni hozircha topilgan emas. Bizgacha shoir qasidalari va g'azallari jamlangan devonining ikkita noto'liq, deyarli bir xil nusxalari etib kelgan. Ulardan, birinchisi, Britaniya muzeyida (taxminan XVI asr o'rtalarida ko'chirilgan) va ikkinchisi, Beruniy nomidagi sharqshunoslik institutida (1937-yil Shoislom kotib tomonidan ko'chirilgan) nusxalardir.

---

[17] Навоий. Мажолисун-нафоис. Танланган асарлар. (Нашрга Ойбек ва Порсо Шамсиевлар тайёрлаган). III том. –Т.: Фан, 1948. –Б. 58.

Sakkokiy devonida bir hamd, bir na't va o'n bir madh qasida mavjud. Madh qasidalarning bittasi Xoja Muhammad Porsoga, bittasi Xalil Sultonga, beshtasi Ulug`bek Mirzoga (ushbu qasidalarning bittasi Shohrux sultonga bag`ishlangan degan fikrlar ham mavjud), to'rttasi Arslon Xoja Tarxonga bag`ishlangan. Shoir devonida Ulug`bek Mirzoga bag`ishlangan ikki qasida o'rtasida hech qanday belgi qo'yilmaganligi, keyingi qasida sarlavhasiz bo'lganligi uchun Ulug`bek Mirzoga bag`ishlangan qasidalar tadqiqotchilar tomonidan to'rtta sanalib kelingan. Sakkokiy asarlarini 1958-yilda Q.Munirov nashrga tayyorlab, kirill alifbosida chop ettirdi. [18] Undan shoirning deyarli barcha g`azallari va Ulug`bekka bag`ishlangan qasidasi o'rin olgan.

Sakkokiy o'zbek adabiyotida eng ko'p qasida yozib, qasida janriga asos solgan shoirdir. Ma'lumki, *qasida* arabcha so'z bo'lib, *ko'zlamoq, niyat qilmoq* degan ma'noni ifodalaydi. O'zbek mumtoz qasidalari, asosan, arab va fors qasidachiligi zaminida yuzaga kelgan. Qasida biror shaxsning (ko'pincha hukmdorning) madhiga bag`ishlanadi. Sakkokiyning hukmdorlarga bag`ishlangan qasidalari shakli va mazmunidan kelib chiqib aytish mumkinki, shoir arab, xususan, fors qasidachiligidan xabardor bo'lgan.

Sakkokiy g`azallarining aksariyati muhabbat, ishq mavzusiga bag`ishlangan. Ularda ma'shuqa tasviri sodda uslubda, xalqona tilda bayon etilgan. Shundan bo'lsa kerak, Alisher Navoiy alohida ta'kidlaganidek, xalq orasida uning she'riy asarlari keng yoyilgan, sevib o'qilgan va shu bois shoirning nomi o'z davrida juda mashhur bo'lgan.

Sakkokiy g`azallari tilidagi *yuz, ko'z, bosh, tish, og`iz, oy, el, kun* (quyosh), *tun, qul, it, eshik, qush, to'n, ot, tuyoq* kabi umumturkiy, *gul, oyna, toza, guliston, bo'ston, darmon, dori, do'st, dushman* kabi forsiy, *tabib, hadis, kofir, musulmon, ishq qibla, shu'la, xaloyiq, qiyomat, bulbul* kabi arabiy so'zlar hozirgi o'zbek tilida faol qo'llanishda davom etmoqda. Ayrim so'zlar, chunonchi, *qaro* (qora), *tufroq* (tuproq), *ko'ngul* (ko'ngil), *oltun* (oltin), *timar*

---

[18]Саккокий. Танланган асарлар. –Т.: Бадиий адабиёт, 1958. –80 б.

(tomir), *kirpik* (kiprik) kabi umumturkiy so'zlar esa hozirgi o'zbek adabiy tilida ma'lum tovush xususiyatiga ko'ra farqlanadi. Bunga doir quyidagi misolni keltirib o'tamiz:

Qaro ko'z birla bir g`amza qïlïb yuz miŋ jafo qïlma,

Karashma birla olamni meningtek mubtalo qïlma.

Shoir g`azallari tilida *azin* (boshqa, o'zga), *ir* (ashula), *iklik* (qattiqlik, qiyinlik), *bikin* (kabi, singari), *azaq* (oyoq), *ajun* (dunyo, olam), *izdamoq* (izlamoq), *alin* (peshona, manglay), *tabug`* (xizmat), *ern* (lab), *eng* (yuz), *eglik* (yaxshilik), *o'g`on* (tangri), *qamug`* (hamma, barcha), *qopqi* (eshik, darvoza), *usruk* (mast, sarxush) kabi qadimgi turkiy so'zlar qo'llangan. Fikrimizning dalili sifatida quyidagi misolni keltiramiz:

Türkona *ir* irlag`uncha oning,

Kuydurdi meni yalay-bulosi.

Yoki

Tushti bu zaif jonimg`a dardi,

O'lmaktin *azin* yo'q ul davosi.

Sakkokiy g`azallari tilida forscha-tojikcha so'zlardan ko'p miqdorda foydalangan. Ularning bir qismi hozirgi o'zbek adabiy tilida qo'llanilmaydi. Bunday so'zlar jumlasiga *zunnor* (musulmon davlatlarida yashovchi xristianlar majburan belga bog`lab yuradigan ma'lum bir rangdagi chilvir), *kunj* (burchak), *zavlona* (bo'g`ov, kishan), *ori* (to'g`ri, rost) kabilarni aytib o'tish mumkin. Mazkur so'zlar Alisher Navoiy asarlari tilida qo'llangan. Sakkokiy she'rlarida qo'llangan ayrim forsiy so'zlar esa, chunonchi, *hazor* (ming), s*ad* (yuz), *xor* (tikan), *xudro'* (o'zicha o'sgan, yovvoyi), *xud* (yomon) kabilar o'zbek tilining ayrim shevalarida hozirda ham iste'molda bo'lib kelmoqda. Misol:

Agar qoshimda o'shal gul uzor bo'lsa edi,

G`ame yo'q erdi, g`amim gar *hazor* bo'lsa edi.

Sakkokiy she'rlari tilida *Iso, Yusuf, Ya'qub, Layli, Majnun, Maseh, Maryam, Sulaymon, Muso, Shohruhbek, Ulug`bek, No'shiniravon, Zuhra* kabi antroponimlar, *Turkiston, Hindiston, Rum* (Rim), *Chin, Xitoy, Xo'tan, Yaman, Sayhun, Jayhun* kabi toponimlar, *turk, habash, lo'li, hind, urus* (rus), *charkas* (cherkas) kabi etnonimlar qo'llangan. Misollar:

> Xo'blar soni yo'q *Chinu, Xitoy, Xo'tan* ichra,
>
> Etmas sanga lekin tilagan dunyoda soniy.

Yoki

> Kim ko'rsa aning ko'zini aytur:
>
> Ne turfa erur bu *turk* balosi?

Sakkokiy mumtoz shoirlar singari o'z g'azallarida talmeh badiiy san'atini ko'p qo'llagan:

> Yuz uzra go'yo zulfung *Sulaymon* mulkini tutmish,
>
> Ul *Ahraman*ning ilkindin hazoron ohu vovaylo.

Baytda keltirilgan *Ahraman* qadimgi eroniylar aqidasiga ko'ra, poklik xudosi Ahuramazdaga qarshi kurashib, nopoklik va yomonlik ramziga aylangan. U Sulaymon haqidagi afsonalarda podshoh xizmatidagi devlardan biri sifatida ko'rinadi. U Sulaymonning uzugini o'g'irlab olib, qirq kun mamlakatda hukmronlik qiladi. Sakkokiy o'z baytida devning hukmronligi paytidagi jabr-zulmga ishora qilmoqda.[19]

Sakkokiy talmehdan tashqari boshqa badiiy san'atlar, chunonchi, tashbihdan ham keng va o'rinli foydalanishga harakat qilgan. Uning g'azallarida mahbuba tishi *dur*ga, yuz (yangoq)i *gul, nor* (anor), *olma* va *oy*ga, qaddi-qomati *tol, chinor* va s*arv* daraxtiga, og`zi *pista*ga, ko'zi *bodom*ga, zulfi *tuzoq*qa tashbih etilgan. Oshiqning ko'z yoshlari *yulduz*ga o'xshatilgan. Shoirning ayrim she'rlarida inson umri *sham*ga, qalbi esa *mamlakat* va *viloyat*ga qiyoslangan:

> *Nortek yangoq*ing furqati ichra ko'ŋulu jon,
>
> Ul kuydi judovu bu judo, bizni unutma.

Yoki

> *Dur tishing*gu gul yuzung vasfidin kechti hadis,

---

[19] Исхоков Ё. Сўз санъати сўзлиги. –Т.: Ўзбекистон, 2014. –Б.201.

Sham' hayrat o'tina yondi-yu so'zon yig`ladi.

Mumtoz adabiyotda odatda mahbuba qomati sarv daraxtiga qiyoslangan. Sakkokiy esa yor qaddi-qomatini o'zbek xalqining tabiiy muhitiga bevosita bog`liq va yaqin *tol daraxti*ga o'xshatadiki, bunday o'xshatish boshqa mumtoz ijodkorlar asarlarida deyarli uchramaydi.

Ey gul, yuzingga huru pari bandayi joni,
Toltek bo'yung ozodi erur sarvi ravoni.

Baytda forsiy *gul so*'zi vositasida shoir ochiq istiora badiiy san'atini yaratgan. Ma'lumki, mazkur so'zni *ma'shuqa* ma'nosida metaforizatsiyalash mumtoz adabiyotda keng yoyilgan. Shoir ushbu baytda aytmoqchi, ey mahbubam, sening pokiza, pari kabi go'zal yuzing, toldek tik qaddi-qomating va chiroyli yurishingga jonim banda, ya'ni quldir. Sakkokiy ijodida yor, ma'shuqa tushunchasini ifodalashda *gul* metaforasidan tashqari yana *oy, jon, sarvi noz, sulton, pari, sanam, husn ganji, shah* kabi ko'chma ma'noli so'zlardan foydalangan:

Kim ermas ul *oy* mubtalosi,
Yolg`uz menga yo'q aning balosi.

Oshiq tushunchasini ifodalashda esa shoir *qul, it, gado* kabi so'zlarni majoziy ma'noda qo'llaydi

Sakkokiy *ag`yor-raqib-dushman, dunyo-jahon, xaloyiq-ulus* kabi sinonimlar va *do'st-dushman, dono-nodon, kecha-kunduz, toza-kir, saxiy-xasis, oz-ortiq, bevafo-vafodor, davlatmand-faqir* kabi antonimlarni qo'llash orqali g`azallarining ta'sirchanligini oshirishga harakat qilgan. Ayniqsa, shoir asarlari tilida qo'llangan antonimlar tazod badiiy san'atini yaratishga asos bo'lgan:

Biror ko'ŋul g`amïdïn bo'lsa erdi voqif *do'st*,
Ne qayg`u, *dushman* agar sad hazor bo'lsa edi.

Sakkokiy she'riy asarlarida arabiy *havo* so'zi uch ma'noda, ya'ni 1) orzu, havas; 2) ishq, muhabbat; 3) uchish, parvoz ko'chma ma'nosida qo'llangan:

Bergusi g`arïb boshimni elga, Ruxsora-u zulfining havosi.

Ey Sakokiy, bu shah qobqïn g`anïmat tut, chu zulfig`a,

Ayoqin bog`lag`on qushsen, ucharg`a hech havo qilma.

Mazkur baytlardan anglashiladiki, *havo* so'zi birinchi baytda *orzu-havas,* ikkinchi baytda esa *uchish, parvoz* ko'chma ma'noni bildiradi. Sakkokiy yor uzvlarining ko'rinishini ifodalash uchun ba'zan literonim, ya'ni harf nomlaridan ham foydalangan:

Barcha xaloyïq to'p bikin tashlar ayoqïng uza bosh,

Bu ishga zulfung *dol* erur, sen oni chavgon aylama.

Shoir ushbu baytda aytmoqchiki, ey yor, barcha oshiqlar to'p kabi oyoqing ostiga bosh qo'ydilar, bunga sening *dol*, ya'ni gajak zulfing sababchi, sen uni chavgon, ya'ni uchi egri qilib tayyorlangan tayoq va shu tayoq bilan ot ustida o'ynaladigan o'yinga aylantirma. Baytda yor zulfi bilan arabiy harfning yozilishi qiyoslanib, ikkinchi misrada yorqin badiiy tasvirga erishilgan. Ya'ni, ma'shuqa zulfining qayrilganlik holati *dol* harfining yozilishiga ko'chirilgan. Shoir asarlarida *dol* harfi ma'shuqaning *gajak zulfi* majoziy ma'nosida qo'llagan.

Xulosa sifatida aytish mumkinki, Sakkokiy o'zbek tili va adabiyoti taraqqiyotiga o'ziga xos hissa qo'shgan shoirlardan biridir. U o'zbek tilining boy imkoniyatlaridan unumli va o'rinli foydalanganligini, asarlari tilini xalq jonli so'zlashuv tiliga yaqinlashtirishga harakat qilganligini alohida ta'kidlab o'tish o'rinlidir. Uning asarlari XIV-XV asr o'zbek adabiy tili tarixini o'rganishda muhim manbalar sirasiga kiradi.

Sakkokiyning o'z davri va undan keyin o'zbek tilida ijod etgan shoirlarga ta'siri ma'lum darajada bo'lganligiga shubha yo'q. Shoirning muhim xizmatlaridan biri shuki, u o'zbek mumtoz adabiyotini xalq og`zaki ijodida kuzatiladigan ohang va yangi badiiy san'atlar, chunonchi, tashbih, istiora hamda tajnis kabilar bilan boyitdi. Umuminsoniy, beg`ubor va pokiza muhabbat g`oyalari ifodalangan asarlari davrlar o'tishi bilan o'z ahamiyatini aslo yo'qotmaydi.

O'ZBEK ADABIY TILI TARAQQIYOTIDA LUTFIYNING O'RNI

Lutfiy o'zidan boy adabiy meros qoldirdi. O'z davrining «malik ul-kalomi» darajasiga ko'tarilgan shoir 1366-yilda tavallud topib, 1465-yilda vafot etgan. Yaqin vaqtlargacha Lutfiyning tavallud topgan va vafot etgan joyi Hirotning Dehikanor mavzei deb ko'rsatib kelingan. Shayx Ahmad Taroziyning Mirzo Ulug`bekka bag`ishlab yozilgan «Funun ul-balog`a» asari topilgach, undagi «ma'dan ul-latoyif Lutfiyi Shoshiy» jumlalariga asoslanib, Lutfiyning ona vatani Toshkent bo'lgan, degan fikr ham ilgari surildi.[20]

Alisher Navoiy "Majolisun-nafois" asarida Lutfiy xususida quyidagilarni yozadi: "Mavlono Lutfiy o'z zamonining malikul-kalomi erdi, forsi va turkida naziri yo'q erdi, ammo turkida shuhrati ko'prak erdi va turkcha devoni ham mashhurdur va mutaazzirul javob matla'lari bor, ul jumladin biri budurkim:

Nozukluk ichra belicha yo'q tori gisuyi,

O'z haddini bilib, belidin o'ltirur quyi.

Yana biri bukim:

Sayd etti dilbarim meni oshufta sochdin,

Soldi kamand bo'ynuma ikki qulochdin."[21]

Alisher Navoiy mazkur tazkirasida Lutfiyning to'qson to'qqiz yil yashaganligini va umrining oxirida «oftob» radifli she'r yozganligini, unga barcha shoirlar tatabbu' qilganligini, biroq hech bir shoir matla'ni u darajasida ayta olmaganligini, darvesh sifat kishi ekanligini, qabri o'z manzili Dehikanordaligini aytib o'tadi. Uning fikricha, Lutfiy Dehikanorda tavallud topib, shu yerda vafot etgan.

---

[20] Ўзбекистон миллий энциклопедияси. –Т.: ЎзМЭ, 2006. -2-том. – Б. 203-205.

[21] Навоий. Мажолисун-нафоис. Танланган асарлар. (Нашрга Ойбек ва Порсо Шамсиевлар тайёрлаган). III том. –Т.: Фан, 1948. - Б. 56-57.

Alisher Navoiy «Majolisun-nafois» tazkirasida Lutfiyning bizgacha yetib kelmagan «Zafarnoma» deb nomlangan dostoni to'g`risida shohidlik beradi va yozadi: «Mavlononing «Zafarnoma» tarjimasida o'n ming baytdin ortuqroq masnaviysi bor, bayozg`a yozmag`on uchun, shuhrat tutmadi». Ma'lumki, fors tilida yaratilgan «Zafarnoma» asari Sharafiddin Ali Yazdiyga tegishli bo'lib, u Amir Temur hayotiga oid asardir. Alisher Navoiyning yozganiga ko'ra Lutfiy ana shu tarixiy asarni turkiy tildagi poetik namunasini yaratishga harakat qilgan. Lutfiy mazkur asarini "bayozg`a yozmag`on uchun" mashhur bo'lmagan. Asarning nusxasi hozircha topilgani yo'q.

Shoirning bizgacha XVI-XX asrlar mobaynida ko'chirilgan turkiy devonining 33 qo'lyozma nusxasi yetib kelgan bo'lib, ular Toshkent, Dushanba, Istanbul, Tehron, London, Parij, Sankt-Peterburg kutubxonalari va qo'lyozma fondlarida saqlanadi. Yaqin-yaqingacha «Gul va Navro'z» dostoni Lutfiy asari deb kelingan edi. Keyingi tadqiqotlar natijasida bu doston muallifi Haydar Xorazmiy ekanligi aniqlandi.

Alisher Navoiyning «Majolisun-nafois» tazkirasi va boshqa asarlarida Lutfiy haqida keltirilgan fikrlardan anglash mumkinki, Lutfiy ijodi Alisher Navoiyga kuchli ta'sir ko'rsatgan, uni buyuk asarlar yozishga ilhomlantirgan. Bunga misol tarzida aytish mumkinki, Alisher Navoiy o'zidan oldin ijod etgan shoirlardan faqat Lutfiy g`azallariga muxammaslar yozgan, xolos.

Shoir lirikasida ishq tuyg`ularidan rohatlanish, Olloh ne'matlaridan zavqlanish, tabiat go'zalliklaridan bahramand bo'lish, insoniy fazilatlarni qadrlash, adolatparvarlik, ilm va ma'rifatni sevish hamda ulug`lash kabi umuminsoniy g`oyalar ilgari suriladi. Shoir lirikasining asosiy mazmunida yaxshilik va ezgulikka da'vat etuvchi oshiq nidolari o'rin olgan.

Lutfiy asarlari tilida hozirgi o'zbek adabiy tilida faol qo'llanuvchi *ko'z, bosh, yuz, qosh, og`iz, bilak, bo'y* (qomat), *el* (xalq), *oy, it, tun, kun, o'q* kabi umumturkiy so'zlar ko'p uchraydi. Mazkur xususiyatga ega ayrim so'zlar borki, ular hozirgi o'zbek adabiy tilida talaffuz nuqtai nazardan farq qiladi. Bunday so'zlar jumlasiga *ko'ngul* (ko'ngil), *tufroq* (tuproq), *oltun* (oltin) kabilarni aytib o'tish mumkin.

Lutfiy asarlari tilida *dag`i* (yana, tag`in), *bikin* (kabi, singari), *usruk* (mast, sarxush), *yangoq* (yuz, yonoq), *o'g`on* (xudo), *yarog`* (qurol, aslaha, asbob-anjom; hozirlik), *yig`ach* (daraxt), *o'ksuk* (1. Tuban, past, kam, oz. 2. Etim) kabi qadimgi turkiy tilga oid so'zlar qo'llangan. Bu kabi so'zlar hozirgi o'zbek adabiy tilida qo'llanilmaydi.

Shoir asarlari tilida fors va arab tillariga oid o'zlashma so'zlar ko'p miqdorda uchraydi. Bunday so'zlar jumlasiga forsiy *navbahor, bahor, zanbur* (ari), *jahon, sham, dori, olov, nol* (qamish qalam ichidagi ingichka tomir, qiltiriq), *ohan* (temir), *rishta* (ip; tomir), *xok* (tuproq), s*ang* (tosh), *ganj* (oltin, kumush), *kilk* (qamish qalam), *jom* (qadah, may piyolasi), *zar* (oltin), *armug`on* (sovg`a, tuhfa), *do'st, sar* (bosh), *po* (oyoq); arabiy *malak, ruh, shayton, oshiq, fano, jannat, qibla, zamon, davr, tarix, asr* (davr, zamon), *vaqt, samo, ma'shuqa, zolim, mazlum, mal'un, munis, qallob, mudhish, harom, faqir, mash'um, aziz, asir xazin, g`ofil, miskin, fotih* (zabt etuvchi) kabi so'zlarni aytib o'tish mumkin.

Lutfiy asarlarining tili nihoyatda sodda, og`zaki nutqqa juda yaqin. G`azallaridagi bosh mavzu ishq bo'lib, asosiy maqsad mahbubaning go'zal ko'rinishi va oshiqning hasbu holini tasvirlashdan iboratdir. Shoir ishq mavzusi orqali o'zining badiiy-estetik qarashlarini she'rlarida mahorat bilan ifoda etadi. Bu jarayonda u badiiy san'atlardan keng va o'rinli foydalanadi. Lutfiy devonida tashbeh, talmeh, tazod, iyhom, irsoli masal kabi badiiy san'atlar namoyon bo'lgan.

Lutfiy asarlari tilida *Yusuf, Ayyub, Nuh, Iso, Ya'qub, Masiho* kabi antroponimlar talmeh badiiy san'atini yuzaga keltirishga asos bo'lgan. Lutfiy g`azallarida *Ulug`bek* kabi tarixiy shaxs nomlari ham uchraydi. Shoir asarlarida ma'shuqaning yuzi *oy/moh, xurshid/quyosh, oltin, lola* va *nor* (anor)ga, ko'zi *jayronning ko'zi*ga, qoshi *nun* harfining yozilish shakliga, og'zi *shakar, pista* va *zarra*ga, bilagi *kumush*ga o'xshatilgan.

Lutfiy ma'shuqa tushunchasini ifodalashda *oy, sarv, gul, moh, podshoh, siymbar, qora qosh, dilbar, shohsuvor* kabi so'zlarning ko'chma ma'nolaridan foydalangan. Oshiq tushunchasini ifodalashda esa *it, gado, qul* kabi so'zlarni metafora sifatida qo'llagan. Shoir mazkur so'zlar vositasida istiora badiiy san'atining go'zal namunalarini yaratishga erishgan.

Kishi qomati, xususan, mahbuba qomati mumtoz adabiyotda odatda sarv daraxtiga qiyoslangan. Lutfiy ijodida ham qomatni sarv daraxtiga o'xshatgan tasvirlar uchraydi. Biroq bunday o'xshatishlar siyrak uchraydi. Shoir qomatni, asosan, o'tmishda o'zbek xalqining hayotiga yaqin bo'lgan o'qqa qiyoslagan. Bunday o'xshatish o'zbek tilida ijod etgan boshqa shoirlarning asarlarida oz uchraydi.

Lutfiy asarlarida *-liq/-lig`* qo'shimchasi asosida yasalgan so'zlar ko'p uchraydi. Mazkur qo'shimcha yordamida *dilraboliq, yaktolig`* (yakkalik, tengi yo'qlik) kabi yangi so'zlar hosil qilingan. Anglashiladiki, nazarda tutilgan davr adabiy tilida mazkur qo'shimchaning yangi so'z hosil qilishi faol bo'lgan.

Shoir she'riyatida takrordan qochish maqsadida qo'llanilgan ma'nodosh so'zlar talaygina uchraydi. Chunonchi, *jafo-kulfat-azob-uqubat* (arabiy-arabiy-arabiy); *qalb-yurak-ko'ngil-dil* (arabiy-umumturkiy-umumturkiy-forsiy), *xat-noma* (arabiy-forsiy), *urush-jang* (umumturkiy-forsiy), *taraf-yon* (umumturkiy-umumturkiy), *afg`on-nola-faryod-fig`on* (forsiy-forsiy-forsiy-forsiy), *el-xalq* (umumturkiy-arabiy), *jamol-husn* (arabiy-forsiy) va boshqalar shular jumlasidandir. Misol:

Jamol qaydaki bo'lsa, jafosi jong`a tegar,

Magarki *husn*u jafo ïttifoqï bir bo'lur.

Ayonki, tajnis san'atini voqealantiruvchi lug`aviy omonimlarning badiiy adabiyotda, ayniqsa, nazmdagi ahamiyati kattadir. Ular badiiy adabiyotda uslubiy xususiyat kasb etib, kitobxonning diqqatini jalb etishda muhim o'rin tutadi. Ayonki, tajnis so'zning ichki, tashqi shakli bilan aloqador san'atlardan biridir[22].

Sharq nazmida, chunonchi, o'zbek she'riyatida omonimlar muhim ahamiyat kasb etgan. Shaklan bir xil, biroq boshqa-boshqa ma'nolarni ifodalovchi omonimlar she'riyatda nozik so'z o'yinlarini ishlatish, so'zlarning ohangdoshligini oshirish, qofiyalarni tugal voqelantirishga keng imkon beradi. Ular muayyan fikr, lavha yoki timsolni ta'sirchan ifodalashning muhim vositalaridan biri sanaladi. Omonimlarning ana shu xususiyatlarini teran anglagan Lutfiy o'z she'rlari tilini yaratishda ulardan o'ta mohirlik bilan foydalangan. Masalan, shoirning tuyuq janriga oid quyidagi she'riga e'tibor qarataylik:

> Ko'ŋluma har yonki boqsam, *dag`ï* bor,
>
> Har necha dardimni desam, *dag`ï* bor.
>
> Qïlcha tanga bori ishqïng yor edi,
>
> Bir sari bo'ldi firoqïng *dag`ï* bor.

Birinchi misradagi *dag`* so'zi forscha bo'lib, u hozirgi o'zbek adabiy tilida *dog`* shaklida qo'llaniladi. Uning asl ma'nosi *ifloslanganlik, bulg`anganlik, kirlanganlik*dir. Ushbu so'z misrada *ko'ngil dog`i* ma'nosida kelganligini e'tiborga olib, uni *ko'ngilga og`ir olingan voqea-hodisa, gap-so'zning asorati* ma'nosida ham tushunish mumkin.

Ikkinchi misradagi *dag`* so'zi qadimgi turkiy so'z bo'lib, uning lug`aviy ma'nosi *yana, tag`in, hamda*dir. To'rtinchi misradagi *dag`* so'zi esa forsiy so'z bo'lib, u *qayg`u, alam, armon, hasrat* kabi ma'nolarni ifodalab kelgan.

Lutfiy lirikasi o'z davrida va undan keyin katta shuhrat topgan. Bu muvaffaqiyatni ta'min etgan muhim omillar esa uslub soddaligi, ifodalarning xalqonaligi, badiiy san'atlardan o'rinli va samarali foydalanilganligi hamda she'r vaznining xalq qo'shiklariga yaqinligidir.

---

[22] Исхоков Ё. Навоий поэтикаси. -Т.: Фан, 1983. –Б. 107.

ALISHER NAVOIY - O‘ZBEK ADABIY TILINI MUMTOZLIK DARAJASIGA KO‘TARGAN SIYMO

Jahon ma'naviyatining buyuk siymosi, o'zbek xalqining ulug` mutafakkiri, atoqli shoiri va ulkan tilshunosi Alisher Navoiy o'zbek tilining boy imkoniyatlaridan o'rinli, samarali va juda keng foydalangan adiblardan biridir. O'zbek adabiy tili leksikasi va grammatik qurilishini ma'lum bir me'yorga kelishida uning xizmatlari beqiyosdir. Adib asarlari orqali eski o'zbek adabiy tili o'zining eng yuqori pog`onasiga ko'tarildi.

Ayonki, har qanday tilning fonetik-grammatik va leksik tizimi har bir davrning ijtimoiy-siyosiy, iqtisodiy, madaniy holatiga ko'ra ixtiyoriy hamda g`ayri ixtiyoriy o'zgarishga uchraydi. Alisher Navoiy yashagan va ijod etgan davrda ham o'zbek adabiy tilida oldingi davr adabiy tilidan ma'lum sifat, mazmun hamda miqdor jihatdan farq qiluvchi adabiy til amalda bo'ldi.

Qadimgi turkiy til va eski turkiy adabiy tilda mavjud bo'lgan, faol qo'llangan lug`aviy birliklar, xususan, tub turkiy so'zlarning katta qismini Alisher Navoiy o'z asarlari tilida ishlatgan. Adib bunday so'zlarni qo'llashda, ularning jonli so'zlashuv tilida mavjudligi, el (xalq) orsida keng iste'moldaligi, kundalik turmush uchun faol leksik birlik ekanligi, umumxalq uchun tushunarligi, kundalik turmush uchun faol leksik birlik ekanligi, tilda barqaror va turg`unligi kabi jihatlariga alohida e'tibor qaratgan.

Alisher Navoiy turkiy tillar madaniy merosi va boyligidan o'rinli va mahorat bilan foydalangan. U adabiy tilning leksik me'yorlarini belgilashda hayotning turli sohalariga tegishli bir qancha umumturkiy so'zlarni o'z asarlariga singdirdi. Bunday so'zlarning ayrimlarini quyidagi mavzuiy guruhlar bo'yicha havola etish mumkin:

1. Qon-qarindoshlik va yaqinlik tushunchasini anglatuvchi so'zlar: *ota, ona, dada, qiz, opa, singil, ini, uka, aka, bola, o'g`il, qaynota, kelinchak, bobo,*

tog`a//tag`o, kelin, er, dada, qudo (quda), xotun//xotin, o'rtoq, og`o (og`a), orqadosh, yo'ldosh, o'rtog`//o'rtoq, qardosh kabi.

2. Inson va hayvon tanasi a'zolarining nomi: bosh, ko'z, oyoq, yurak, og`iz, barmoq, soch, bag`ir//ko'ks, ilik//qo'l, qad (bo'y), qosh, qon, kiprik kabi.

3. Geografik joylar va aholi yashash manzillarining nomi: yurt, qishloq, tog`, tengiz (dengiz), ochun, (dunyo, olam), buloq, o'rmon, cho'l, yo'l kabi.

4. Kishi yoshini ifodalovchi so'zlar: yigit, qari//qariya, yosh, bola, go'dak, chol, erkak, chaqaloq, qizcha va h.k.

5. Vaqt, zamon tushunchasini ifodalovchi so'zlar: tun, kech (kech, uzoq), oy (oy, bir oy), bultur, kun//gun, ilk (ilk, dastlabki), tong, kecha, kechagi, bukun, (bugun), erta, indin, chog`//choq (payt, vaqt), burun, ilgari, mangu va boshq.

6. Hayvon, parranda, hasharot va ular gavda qismlarining nomlari – zoologik terminlar: qoplon, qo'zi, zuluk, qanot, boyqush, qush, tulki, quyruq, (dum, dumba), kiyik, teva (tuya), quzg`un, zog`, chayon kabi.

7. O'simlik nomlari – fitonimlar: chechak (gul), terak, og`och (daraxt), yaprog` (yaproq), bug`doy, tol, tikan, kurmak, boshoq, samon (somon), qamish va h.k.

8. Uy-ro'zg`or buyumlarining nomi – maishiy leksika: bolta, qozon, chirog` (chiroq), ip, o'choq, g`alvir (katta elak), elak, ko'zgu, ko'rpa, yostiq va boshq.

9. Oziq-ovqat va ichimlik tushunchalarini anglatuvchi so'zlar: et (go'sht), oziq (oziq-ovqat ma'nosida), tuz (taom ma'nosida), suv, chog`ir (may, sharob), bol (bol, asal), oshliq (ovqat ma'nosida), un, qaymoq, saryog` (sariyog`) kabi.

10. Tabiat hodisalari va koinot jismlarining nomlari: yel (shamol), bulut, yomg`ur (yomg`ir), muz, oy, quyosh, yulduz, borliq (koinot), kun (quyosh), yoz, yovdu (yog`du) va boshq.

11. Harbiy terminlar: yasov (safga tizilmoq, saf tortmoq), xanjar, o'q, qilich, o'rdu (qo'shin, lashkar), yoy, qo'shin//qo'shun, qalqon va h.k.

12. Ijtimoiy-siyosiy terminlar: *xoqon, xon, yo'qsul* (kambag`al), *o'ksuz* (etim), *urush, tutqun//tutqin* (asir), *yov* (dushman), *bandi, kengash, bek, qaravul, tilonchi* (tilamchi, gadoy) kabi.

13. Urug` va xalq nomlarini bildiruvchi so'zlar – etnonimlar: *turk, el, chig`atoy, o'zbek, urug`, o'g`uz, qipchoq, qarluq* va h.k.

14. Mavhum tushunchalarni anglatuvchi so'zlar: *uyat, tubanlik, kimsasizlik, ish, qayg`u, ko'ngil, tilak, sezgu* (sezgi), *o'lum* (o'lim), *uy* (xayol), *chin* (haqiqiy, haqiqiy hol), *ug`urli* (baxtli), *o'gut* (nasihat) kabi.

15. Diniy e'tiqod bilan bog`liq tushunchalar nomi: *tamug`* (do'zax, jahannam), *uchmoh* (jannat), *yozig`* (gunoh, ayb) kabi.

16. Narsa-buyum nomlari: *kiyim, og`u* (zahar), *tayog`* (tayoq), *qop, yoqa, eshik, o'rtuk//o'rtik* (parda), *karpich* (g`isht), *qamchi, beshik, bolta* kabi.

17. Xususiyat-xarakter, xossa, belgi anglatuvchi so'zlar: *uzun, uzoq, tegra* (tevarak, atrof), *qorong`u* (qorong`i), *to'g`ri, yuksak, yirtqich, yovvoyi, sovuq, issig`* (issiq), *quruq, ko'k, qizil, qora, achchig`* (achchiq), *totli* (mazali, lazzatli, shirin), *chuchuk* (shirin), s*uchuk, sassiq* va h k.

18. Shaxs tushunchasini bildiruvchi so'zlar: *men//man, san//sen, o'z, biz, ul, alar* (ular), *birav* (birov), *kimsa, barcha, kishi* va boshq.

19. Miqdor, hajm, o'lchovni anglatuvchi so'zlar: *bir, ikki, to'rt, yuz, besh, oz, ko'p, butun, ortiq, og`ir, kichik, cheksiz, ming, yuz, qalin, tuman* va h.k.

Alisher Navoiy asarlari tilidagi ba'zi so'zlar keyingi davrlarda fonetik o'zgarishga uchragan. Bunday so'zlar sirasiga *biyik* (buyuk), *chigirtka* (chugurtka), *ovuch* (hovuch), *yilon* (ilon), *birta* (bitta), *kirpik* (kiprik) va boshqalar. Bunday so'zlar o'qilishida, yozilishida o'zgarishlar sodir bo'lsa-da, faol umumiste'mollik xususiyatini yo'qotmagan.[23]

Alisher Navoiy asarlari tilida hozirgi o'zbek adabiy tili uchun eskirgan, iste'moldan chiqqan qadimgi turkiy so'zlar ham ko'p miqdorda uchraydi. Ular sirasiga *qopug`* (eshik, darvoza), *chog`ir* (may, sharob, boda), *og`och* (daraxt),

---

[23] Ўзбек тили лексикологияси. –Тошкент: Фан, 1981. –Б. 48.

og`u* (zahar), *ug`ur (baxt, qut), *ug`urli* (baxtli, qutli, davlatli), *osig`* (foyda, manfaat, bahra), *tamug`* (do'zax, jahannam), *uchmoh* (jannat), *yozug`* (gunoh, ayb), *qapug`chi* (eshik og`asi; eshik, darvoza soqchilarining boshlig`i), *asru* (juda ko'p, benihoya, g`oyat, talay), *arig`* (sof, toza, pokiza, musaffo), *bilik* (ilm, aql, ma'rifat, bilim), *o'ksuz* (etim), *puchmoq* (burchak, kunj, go'sha), *qamuq* (barcha, hamma, jami), *yog`lig`* (ro'mol, ro'molcha), *ayoq* (qadah, kosa, piyola), *qo'noq* (mehmon), *to'nak* (qamoqxona, zindon), *oshliq* (bug`doy, egulik), *ilik* (qo'l), *o'rtuk* (parda, to'siq), *oshliq* (ovqat; bug`doy), *ochun* (dunyo, olam), *daqi* (yana, tag`in), *usruk* (mast, sarxush), *ev* (uy), *qapu* (eshik, darvoza) kabilarni aytib o'tish mumkin.

Aytilganidek, Alisher Navoiy asarlari tilida ijtimoiy hayotning turli sohalariga oid so'zlar juda ko'p miqdorda uchraydi. Masalan, uning badiiy asarlari tilida muzika san'ati sohasiga oid quyidagi leksik birliklar ishlatilgan:

1. Muzika asboblarining nomi: *ko'raga* (surnay), *ko's* (katta nog`ora, podsho qasrida chalinadigan katta nog`ora), *qonun* (bir turli muzika asbobi), *arg`anun* (bir turli cholg`u asbobi; organ), *barbat* (o'rdak shaklida yasalgan qadimgi cholg`u asbobi), *yorod* (bir turli cholg`u asbobi), *yotug`on* (bir turli cholg`u asbobi), *musiqor* (bir xil cholg`u asbobi), *nay, sur* (karnay), *naqqora* (nog`ora), *soz* (muzika quroli, cholg`u), *tanbur, tanbura* (tanburning kichik bir turi), *chang* (bosh tomoni egik cholg`u asbobi) va boshq.

2. Kuy nomlari: *arg`ushtak* (musiqiy bir usul, o'yin), *bam* (musiqada yuqori to'liq sado; *bas* — zerning zidi), *dovudi* (muzikada bir kuyning nomi), *egdi g`izol* (muzikada asosiy kuylardan biri), *nag`ma* (ohang, kuy, maqom), *rost* (muzika kuylaridan biri), *safir* (nay ovozi), *maqom, naqsh* (kuy, ashula), *tajnis* (muzikada eng og`ir va murakkab kuylardan biri), *talolo* (ashula, ohang, kuy), *tarona* (ashula, ohang, maqom), *chorgoh* (o'zbek mumtoz shashmaqom kuylaridan birining nomi), *chorzarb* (o'zbek musiqiy kuyining nomi), *pahlaviy lahn* (pahlaviy kuyi) va h.k.

3. Muzika san'ati bilan shug'ullanuvchilar nomi: *yotug'onchi* (bir turli cholg'u asbobi yotug'onni choluvchi, muzikachi), *nag'mazan* (kuylovchi, xonanda, sozanda), *nag'makash* (soz chaluvchi, cholg'uchi), *nag'mapardoz* (kuylovchi, xonanda, sozanda), *nag'masaroy* (ashula aytuvchi, cholg'uchi), s*an'atkor, romishiy* (kuylovchi, cholg'uchi), s*ozanda* (cholg'uvchi), *ko'szan* (nog'ora chaluvchi), *mug'anniy* (ashulachi, sozanda, cholg'uchi), *navogo'* (ashulachi, kuychi), *navozanda* (navo qiluvchi, kuylovchi), *navosoz* (kuylovchi, ashula aytuvchi, cholg'u chaluvchi), *tarannumgar* (cholg'uchi, sozanda, kuylovchi, ashulachi), *xunyogar* (sozanda, ashulachi), *xushnavo* (xushovoz, yaxshi kuylovchi), *xushnavoz* (yaxshi cholg'uchi, usta sozanda), *chargar* (cholg'uchi, ashulachi) va boshq.

Ma'lumki, umumturkiy *ko'k* so'zi omonim bo'lib, u quyidagi ma'nolarni bildiradi: *ko'k* I osmon, ko'k rang; *ko'k* II 1. Tovushlar mosligi, ohang, soz. 2. Muzikada ohang, kuy. Alisher Navoiy *ko'k* so'zini muzikada *ohang, kuy* ma'nolarida ham qo'llaydi: *Lojuvarddin ranga ko'rmagan ko'kin tuzmak va ul ko'kta range ko'rguzmak*. Qadimgi turkiy *ko'raga* so'zi ham omonim bo'lib, u *may idishi, kigiz* ma'nolaridan tashqari s*urnay* ma'nosini ham ifodalaydi. Alisher Navoiy *ko'raga* so'zini s*urnay* ma'nosida ham qo'llaydi.

Alisher Navoiy adabiy tilni leksik jihatdan me'yorlashtirishda hayotning turli sohalariga tegishli bir qancha forsiy va arabiy so'zlarni ham o'z asarlariga singdirdi. Uning asarlari tilidagi forsiy o'zlashma qatlamga mansub so'zlarning ko'pchiligi hozirgi o'zbek adabiy tilida faol qo'llaniladi. Bunday so'zlar sirasiga *gul, do'st, rost, umid, osmon, hafta, bodom, bozor, gado, gilam, daraxt, dasht, dev* kabi tub; *badbaxt, gulzor, oshpaz, dasturxon, xontaxta, shahzoda butxona, kabutarxona* kabi yasama so'zlarni aytish mumkin.

Alisher Navoiyning barcha asarlarida turg'un va seriste'mol so'zlar qatorida o'sha davrdan buyon o'zbek tiliga singib ketgan bir qator arabcha so'zlarni ham kiritish mumkin. Bunday so'zlar sirasiga *avval, avlod, mard, maosh, aziz, asar, vaqt, zavq, ism, kasal, maktab, qalam, shoir, nafas, mantiq, ma'raka* (jang maydoni), *maskan, matn* kabilar kiradi. Ushbu umumiste'molda qo'llanadigan so'zlarning ba'zilari keyingi davrlarda mazmunan kengaygan.

Masalan, shoir asarlarida *ma'raka* so'zi *jang maydoni* ma'nosida qo'llangan bo'lsa, bu so'zni keyingi davrlarda *to'y, yig`in* ma'nosida qo'llanilishi ortgan. Yoki *mard* so'zi *inson, odam* ma'nosida qo'llanishi bilan birga Navoiy asarlari va keyingi davr manbalarida ushbu arabcha so'zning *kishi, erkak odam, jasur, botir, haqiqiy inson* kabi ma'nolarida kelishi kuzatiladi. *"Shayx Abdulloh oning uyida zanu mard xuttabudirlar; Bu xayl ichra bor erdi rahnavardi musofir shevai ozoda mardi"* kabi[24].

Shoir asarlari tilida mazkur tillarga tegishli so'zlarning miqdori juda ko'p. Bu jihat uning asarlari tili va uslubini ancha murakkablashtirgan, ayrim o'rinlarda ifoda etilgan fikrlarni tushunarsiz holga olib kelgan. Mumtoz janr tizimida va poeziyaning arabcha vazn o'lchovlaridan foydalanish Navoiyga poetik erkinlik bergan. Bundan tashqari o'sha davr talabiga ko'ra poetik asarlar ko'tarinki, dabdabali uslub bilan yozilishi kerak edi. Badiiy an'ana ta'siri natijasida poetik uslub xalq tilidan qisman bo'lsa-da, uzilib qolganligi taassurotini beradi. Shuning uchun Navoiy poetik mavzu sohasida eski an'anadan chetga chiqqan bo'lsa-da, til va uslub masalalarida mumtoz an'ana chegarasidan chetga chiqa olmadi. Alisher Navoiy o'zining poetik asarlarida, jumladan, «Chor devon», «Xamsa» asarlarida o'zbek tilini fors-tojik adabiy tili kabi ishlashga va unga dabdabali tus berishga harakat qildi. Bularning hammasi arab va fors tillarining elementlariga keng yo'l ochib berdi[25].

Alisher Navoiy o'z asarlari tilida fors va arab tiliga oid so'zlarning ko'p miqdorda qo'llashiga sabablaridan bir sifatida shuni aytish mumkinki, adib aruz vazni talabiga ko'ra bu ishni qilgan. Abdurauf Fitrat "She'r va shoirliq" maqolasida (1919) keltirishicha, aruz vazni o'zbek adabiyoti va tili rivojiga salbiy ta'sir ko'rsatgan. Uning qat'iy ta'kidiga ko'ra, nazarda tutilgan vazn

---

[24] Ҳамидов З. Навоий асарлари тили лексикаси (умумистеъмолда бўлган фаол сўзлар хусусида). // Тилшуносликнинг долзарб масалалари: илмий мақолалар тўплами. III. –Т.: 2006. -Б. 87.
[25] Аширбоев С., Раҳматов М. Ўзбек адабий тили тарихи. –Т.: ТДПУ, 2003. -Б. 87

tufayli o'zbek adabiy tili bilan xalq jonli so'zlashuv tili o'rtasida katta farq yuzaga kelgan, obrazli tarzda aytganda, ulkan jarlik hosil bo'lgan[26].

Ma'lumki, aruz vazni, asosan arab tili tabiatiga mos ravishda yaratilgan bo'lib, undagi xususiyatlarni shu vazn orqali to'liq ifodalash imkoniyati mavjud. Turkiy, chunonchi, o'zbek tiliga kelganda, bu fikrni aytib bo'lmaydi. Chunki o'zbek tilining fonetik qurilishi arab tilinikidan tubdan farq qiladi. Shu bois aruz vaznida ijod etgan turkiygo'y shoirlar, Fitratning keltirishicha, "ikki turli ishga majburdirlar". Birinchisi, aruz, xususan, "mafo'iylun" vaznini faqat turkiy (o'zbekcha) so'zlar bilan to'ldirib bo'lmaydi. Vaznni tugal qilish uchun shoir arabiy va forsiy so'zlarni me'yordan ortiq qo'llashga majbur bo'ladi. Bu degani, adabiy til o'zbek tili hisobidan emas, balki boshqa tillar – arab va fors tilidagi so'zlar bilan boyiydi.

Abdurauf Fitrat 1926-yilda yozgan «Adabiyot qoidalari» qo'llanmasida Alisher Navoiyning ijodiy merosi ayrim masalalar tahlili jarayonida yoritilgan[27]. Fitrat har bir shoir o'z uslubiga ega ekanligini ta'kidlar ekan, Alisher Navoiyning ham o'ziga xos badiiy uslubi borligini, uning «she'rda fors uslubig`a berilib qolg`an»ligini aytadi. U uslubda aniqlik bo'lishi xususida fikr bildirib, Alisher Navoiyning bir maktubidan parcha keltiradi: «*Duoyikim, shito qalbida shito qalbidin dilso'zroq, va niyoziykim qish aynida qish aynidin dilpuzroq bo'lg`ay*». Fitrat mazkur jumlada aniqlik, ochiqlik yo'qligini quyidagicha izohlaydi: «Parchada birinchi *shito qalbi* «qish o'rtasi» demakdir. Ikkinchi *shito qalbi* esa «shito» so'zining teskarisi bo'lg`an «otash» demakdir. Birinchi *qish ayni* «qishning yuzi», ikkinchi *qish ayni* «quyosh» demakdir. Demak, bu parchada soflik bo'lmag`ani kabi ochiqlik-da yo'qdir».

Alisher Navoiy asarlari uslubning ko'tarinkiligi, o'ta murakkabligi bilan undan avval o'tgan yoki unga zamondosh shoirlar asarlari uslubidan alohida ajralib turadi. Adib o'z asarlarini o'ta badiiy ko'tarinki uslubda yaratdi, unda

---

[26] Фитрат. Шеър ва шоирлик // Танланган асарлар. IV жилд. -Т.:Маънавият, 2006. -Б. 5-11.
[27] Фитрат. Адабиёт коидалари // Танланган асарлар. IV жилд. -Т.: Маънавият, 2006. -Б.11-88.

arabiy, forsiy so'zlardan keng foydalandi. Bu bilan u eski o'zbek adabiy tili tarixida o'ziga xos bir uslubga asos soldi.

Adib o'z asarlari bilan o'zbek adabiy tilini grammatik jihatdan me'yorlarlashtirishga, uni bir tizimga solishga harakat qildi va bu borada samarali ishlarni amalga oshirdi. Shoirning mazkur yo'nalishdagi ishlaridan ayrimlari quyidagilardan iborat:

1. Tushum kelishigi shaklining qaratqich kelishigi o'rnida kelishi Alisher Navoiydan avval va undan keyin ijod etgan shoirlar ijodida kuzatiladi. Masalan: *Atayini ko'zi toymas* (Atoiy); *Taqi qalg`an viloyatini barchasini alg`ay* (Abulg`ozi Bahodirxon, Shajarai turk). Alisher Navoiy asarlarida esa tushum kelishigi bilan qaratqich kelishigi affikslari o'z o'rnida qo'llangan.

2. Chiqish kelishigi faqat — *din//-dïn//-tin//-tïn* variantlarda qo'llanadi. Ma'lumki, Navoiygacha bu kelishik — *dun//-dün//-tun//-tün, -dan//-dän//-tan//-tän* kabi variantli affikslarga ham ega edi. Solishtiring: Mahmud Qoshg`ariyda *suvdan, sezdän;* «O'g`uznoma»da *kop toqushgudun soŋ, anuŋ közi käktün käkre serdi* va h.k[28].

3. O'rin-payt kelishigi bilan jo'nalish kelishigi affikslari o'z o'rnida qo'llangan. Ma'lumki, Navoiydan avval va keyin ijod etgan, unga zamondosh bo'lgan shoirlar asarlari tilida o'rin-payt kelishigi o'rnida jo'nalish kelishigi ko'rsatkichi qo'llangan o'rinlari ham bo'lgan. Masalan: *Sizlär anda tegmishtä men Lotnï körsäm erda* (Rabg`uziy, Qisasi Rabg`uziy); *Chun Samarqand eshikida keldi* (Muhammad Solih, Shayboniynoma).

Alisher Navoiy o'z asarlari bilan jahon badiiiy tafakkuri rifojiga munosib hissa qo'shishi, o'zbek adabiyoti va tilini yuksak darajaga olib chiqishi barobarida eski o'zbek adabiy tilini leksik va grammatik jihatdan me'yorlashtirdi. Uning bu boradagi xizmatlari tahsinga loyiqdir. E'tiborli jihati shundaki, adibdan keyin o'zbek tilida ijod etgan deyarli barcha shoir va yozuvchilar uning asarlari tilini o'z asarlari tili uchun asosiy me'yor sifatida qabul qildilar.

---

[28] Аширбоев С., Раҳматов М. Ўзбек адабий тили тарихи. –Т.: ТДПУ, 2003. -Б. 83.

"MUHOKAMATUL-LUG`ATAYN" ASARINING O'ZBEK ADABIY TILI TARAQQIYOTIDA TUTGAN O'RNI

Ulug` alloma Alisher Navoiyning ijtimoiy-siyosiy va ilmiy-adabiy faoliyatida til masalasi muhim o'rin tutadi. U deyarli barcha asarlarida turkiy (o'zbek) tilga oid qarashlarini ifoda etdi, ona tilini rivojlantirish, uning butun boyligi va go'zalligini to'la namoyon etish, qo'llanish doirasini kengaytirish uchun kurashdi, o'z xalqini ona tilida yozilgan g`oyaviy-badiiy yuksak asarlar bilan bahramand etish uchun harakat qildi, o'zbek tilining ijtimoiy-siyosiy mavqeini ko'tarish xususidagi g`oyalari hamda fikr-mulohazalarini bir umr muntazam targ`ib etdi. Hayotining oxirlarida esa o'zining bu sohadagi butun faoliyatini umumlashtirdi va ilmiy-tarixiy jihatdan katta qiymatga ega bo'lgan «Muhokamatul-lug`atayn» («Ikki til muhokamasi») asarini yozdi. Asar 1499-yilning dekabrida yozib tugatilgan. Uning maydonga kelishi dunyo tilshunosligida juda muhim hodisadir.

"Muhokamatul-lug`atayn" asarining to'rt qo'lyozma nusxasi ma'lum:

1. Birinchi nusxasi Istanbuldagi To'pqopi saroyi muzeyi Revan kutubxonasida saqlanadi. Ushbu qo'lyozma 1497- yili ko'chirilgan.

2. Ikkinchi nusxasi Istanbuldagi Sulaymoniya kutubxonasining Fotih bo'limida saqlanadi.

3. Uchinchi nusxasi Parij Milliy kutubxonasida saqlanadi. Qo'lyozma 1526-1527-yillarda ko'chirilgan.

4. To'rtinchi nusxasi Budapeshtda saqlanmoqda.

"Muhokamatu-l-lug`atayn" asari birinchi marta 1841-yili Parijda M.Katremer tomonidan nashr etildi. 1882-yili Bog`chasaroyda Ismoilbek Gaspirali, 1895-yili Istanbulda Ahmad Javdat nashr ettirdi. Asar 1917-yili Qo'qonda toshbosma usulda chop etilgan. Toshkentda Porso Shamsiev asarni uch qayta bostirdi: 1940-yili O.Usmon bilan birgalikda lotin alifbosida kirish so'z, matn va hozirgi o'zbekcha talqinini berdi. Ushbu nashrga asarning parij nusxasi asos qilib olingan edi. Yana 1948- va 1967-yillarda yakka o'zi kirill xatida nashr ettirdi[29]. Asar Anqara, Ashgabad, Urumchida ham chop etilgan. 1996-yili asar Anqarada Turk tili qurumi tomonidan yangidan chop ettirildi[30].

Ma'lumki, Alisher Navoiy umri oxirigacha o'zbek xalqi uchun badiiy-g`oyaviy jihatdan yuksak asarlar yozishga, uning adabiy tilini jonli so'zlashuv tiliga yaqinlashtirishga, o'zbek tilining barcha imkoniyatlarini to'laligicha namoyon etishga, boy xazinasidan unumli va samarali foydalanishga, ona tilini ayrim forsiygo'ylar tanasidan butunlay xolos etishga harakat qildi. Buni «Muhokamat-ul lug`atayn» asarini o'qigan franstuz olimi M.Bellin 1861-yilda yozgan "Mir Alisher Navoiy bibliografiyasi va ijodi" nomli kitobida alohida ta'kidlaydi: "Alisher Navoiy o'z milliy tilining afzaliyatlarini inkor etib bo'lmaydigan dalillar bilan isbot etganligi — o'z xalqi orasida vatanparvarlikni boshlab berganligidan dalolatdir"[31].

Alisher Navoiydan oldin va u yashagan davrda o'zbek adabiyoti, o'zbek adabiy tilining rivojlanishiga Xorazmiy, Gadoiy, Yaqiniy, Amiriy, Atoiy, Sakkokiy va ayniqsa, Lutfiylar o'z asarlari bilan katta hissa qo'shdilar. Shunga qaramay, o'zbek adabiyotida hali badiiy-g`oyaviy jihatdan yuksak asarlar juda kam, o'zbek adabiy tilida jonli so'zlashuv tilining boy imkoniyatlari hali to'laligicha namoyon bo'lgan emas, uning boy xazinasi shoirlar nazaridan yashirin qolib kelmoqda edi. Bu davrlarda fors-tojik adabiy tili va adabiyoti esa ko'p asrlik katta taraqqiyot yo'lini bosib o'tgan, uning lug`at boyligi, xilma-xil badiiy tasvir vositalari, uslub rang-barangligi va imkoniyatlari buyuk so'z san'atkorlari tomonidan mukammal ishlanib, sayqal topgan edi. Fors-tojik adabiyoti haqida, uning xususiyatlari haqida bir qator kitoblar, tazkiralar yaratilgandi. Shoirlar nazdida bu tilda she'rlar bitish, asarlar yozish bir muncha

---

[29] Навоий. Муҳокаматул-луғатайн. Танланган асарлар. III томлик (нашрга Порсо Шамсиев тайёрлаган). – Т.: Фан, 1948. –III том. –Б. 171-212.
[30] Содиқов Қ. Тарихий лексикография / Ўқув қўлланма. –Т.: Тошкент давлат Шарқшунослик институти, 2012. –Б. 56.
[31] Қодиров П. Тил ва эл. –Т.: Маънавият, 2010. –Б. 3.

osonroq va yengilroq ko'rinar edi. Shu sababli ko'pgina o'zbek shoirlari o'z asarlarini ona tilida emas, balki fors-tojik tilida yozar edilar. Buni Alisher Navoiy quyidagicha ifoda qiladi: «*Va hunariz turkning sitam zarif yigitlari osonlikka bo'la forsiy alfoz bila nazm ayturg`a mashg`ul bo'lubturlar*».

Alisher Navoiy ona tilini forsiygo'ylar tanasidan butunlay xolos etish uchun ona tilini tahqirlagan, uni mensimagan shoirlarga qarshi keskin kurash olib bordi. U ilm-fanda arab tili va badiiy adabiyotda fors-tojik tili an'analarini keskin rad etdi, ona tilining boyligini, badiiy-uslubiy vositalari va imkoniyatlarini namoyish etdi, deyarli barcha badiiy-ilmiy asarlarini ona tilida yaratdi.

Alisher Navoiyning lisoniy qarashlarida tilning kelib chiqishi, uning ijtimoiy mohiyati, til va tafakkur, mazmun va shakl kabi masalalar muhim o'rin tutadi. Adib tafakkur va til bir-biri bilan uzviy bog`liq ekanligini alohida ta'kidlaydi. Uning fikricha, so'z qimmatbaho toshdir, inson ko'ngli esa daryodir, so'zlovchi esa g`avvos — ko'ngil daryosidan dur teruvchidir. U bu xususda yozadi: «*... so'z durredurkim, aning daryosi ko'nguldur va ko'ngul mazharedurkim, jomii maoniyi juzv va kuldur. Andoqki, dar'yodin gavhar g`avvos vositasi bila jilva namoyish qilur va aning qiymati javharig`a ko'ra zohir bo'lur*».

Alisher Navoiy asarida turkiylar tafakkur va til borasida forsiylardan qolishmasligini takror-takror ta'kidlaydi. Bu xususda uning quyidagi fikrini keltirish o'rinlidir: «*turkning ulug`din kichigiga degincha va navkardin begiga degincha sort tilidin bahramanddurlar. Andoqkim, o'z xurd ahvolig`a ko'ra ayta olurlar, balki ba'zi fasohat va balog`at bila ham takallum qilurlar. Hatto turk shuarosikim, forsiy til bila rangin ash'or va shirin guftor zohir qilurlar, ammo sort ulusining arzolidin ashrofig`acha va omisidin donishmandig`acha hech qaysi turk tili bila takallum qila olmaslar va takallum qilg`onning ma'nisin ham bilmaslar*».

Ayonki, tilning voqelanishi tafakkur orqali bo'ladi. Tafakkursiz til rivojlanmaydi yoki aksincha, tilsiz tafakkur taraqqiy etmaydi. Lekin ular bir narsa emas, boshqa-boshqa narsa ham emas. Til bilan tafakkurni bir narsa deyish qanchalik xato bo'lsa, ularni boshqa-boshqa narsa deyish ham shunchalik xatodir. Ularni bitta qog`oz varag`ining ikki tomoni sifatida tushunish lozim. Navoiy fikrlaridan ana shu narsa anglashiladi.

Alisher Navoiy mazkur asarida tilning ijtimoiy xususiyatini ko'rsatib beradi, uning madaniyat va ma'rifatning rivojiga xizmat qilishini alohida takidlaydi. Uning fikricha, til doim rivojlanib boradi, turli tillar bir-biriga ta'sir ko'rsatadi va shu yo'l bilan muntazam boyib boradi. Adib o'zbek tilini himoya qilishga, uni har xil ta'na-kamsitishlardan qutqarishga, o'zbek tilining lug`at boyligi turli badiiy asarlar yaratish imkoniyatiga ega ekanligini isbotlashga harakat qiladi.

Asar turkiy (o'zbek) tilning ijtimoiy hayotdagi mavqeini ko'tarish, uning bir necha asrlardan beri turkiy xalqlarning ta'lim va adabiyot sohalarida yetakchi maqomda bo'lib kelgan forsiy tildan aslo qolishmasligini, undan so'z borasida boyroq va yangi so'z yasash imkoniyatlari kengroq ekanligini dalillash, turkiy tilli shoirlarni o'z ona tili, ya'ni turkiy (o'zbek) tilda ijod qilishga undash maqsadida yozilgan. Navoiyning aytmoqchi bo'lgani, ayrim turkiy tilli shoirlarning ona tilida emas, ko'prak forsiyda ijod qilishni ma'qul ko'rganligining sababi, turkiyning boy va cheksiz imkoniyatlarini bilmagani, undan foydalana olmasliklaridir.[32]

Asarning ilmiy-tarixiy ahamiyati quyidagilardan iborat:

1. Alisher Navoiy asarida falsafadagi imkoniyat va voqelik, umumiylik va xususiylik dialektikasidan kelib chiqib, tilshunoslikda til va nutq birliklarini ma'lum darajada farqlashga, ularning o'zaro munosabatini belgilashga harakat qilgan. U so'z, ya'ni til birligi so'zlovchi tomonidan turli xil jilvalantirilishi,

---

[32] Содиков Қ. Тарихий лексикография / Ўкув қўлланма. –Т.: Тошкент давлат Шаркшунослик институти, 2012. –Б. 39.

ya'ni nutq birligi sifatida reallashtirilishi mumkinligini alohida qayd etadi. Alloma mazkur masalani g`avvos va gavhar misolida tushuntirishga harakat qiladi. U ko'ngilni daryoga, so'zni esa gavharga o'xshatadi. Ayonki, daryo (ko'ngil) tubida son-sanoqsiz, katta-kichik gavharlar (so'zlar) sochilib yotadi. Gavhar (so'z) daryo (ko'ngil) tubidan g`avvos (nutq sohibi, so'zlovchi) vositasi bilan olib chiqiladi. Olib chiqilgan gavharning qiymati toshiga qarab, katta-kichikligiga ko'ra belgilanadi. Shunga o'xshash so'zning qiymati, ta'sir kuchi, qanday ma'no ifodalashi ham nutq sohibiga bevosita bog`liqdir. So'zlovchi aqlli, zukko tafakkur sohibi bo'lsa, so'zning ta'sir kuchi ham yuqori darajada bo'ladi yoki aksincha. Alloma so'zga alohida baho berib, so'z shunday gavhardirki, martabasini aniqlashda inson ojizdir, martabasi — yomon so'zning halok qiluvchanligidan tortib, yaxshi so'z bilan Isoning mo''jiza ko'rsatishiga qadar boradi, ya'ni o'lgan odamni tiriltiradi, deydi. Daryo ostidagi durlar g`avvos yordamida harakatga keltirilsa, ko'ngil tubidagi so'zlar esa so'zlovchi tomonidan nutqiy jarayonda o'z jilvasini topadi. Shu kunga qadar til va nutqni bir-biridan farqlash dastlab mashhur nemis olimi Vilgelm Gumboldtdan boshlangan va u shveysariyalik olim Ferdinand De Sossyur lingvistik ta'limotining asosini tashkil qiladi, deb hisoblab kelindi. Lekin Alisher Navoiy asarlariga e'tibor berilsa, bu olim V.Gumboldt va F.De Sossyurlardan ancha oldin til va nutq hodisalarini bir-biridan farqlaganining guvohi bo'lamiz.[33]

2. Alisher Navoiy mazkur asarida falsafadagi shakl va mazmun o'zaro uzviy bog`liqligini, ayni paytda mazmun shaklga nisbatan birlamchi ekanligini qayd etadi. U shu falsafiy fikrdan kelib chiqib, til va tafakkurning o'zaro chambarchas bog`liqligini, til fikrni (ma'noni) ifodalovchi qudratli vosita ekanligini G`arb olimlaridan ancha oldin aniqlaydi. Ayonki, tilning voqelanishi tafakkur orqali bo'ladi. Qomusiy olim bu xususda yozadi: «... *so'z durredurkim, aning daryosi ko'nguldur va ko'ngul mazharedurkim, jomii maoniyi juzv va*

---

[33] Нурмонов А. Ўзбек тилшунослиги тарихи / Ўкув кўлланма. –Т.: Ўзбекистон, 2002. –Б. 79-80.

kuldur. Andoqki, dar'yodin gavhar g`avvos vositasi bila jilva namoyish qilur va aning qiymati javharig`a ko'ra zohir bo'lur» [ML,173].

Alisher Navoiy ushbu asarida turkiy va eroniy xalqlarni na faqat til, balki tafakkur nuqtai nazardan ham qiyoslaydi. U eroniy xalqlar (Navoiy ularni «sortlar» deb ataydi)ga quydagicha ta'rif beradi: *«Sort turkdin taaqqul va ilmda daqiqroq va kamol va fazl fikratida amiyqroq zuhur qilibdur va bu hol turklarning sidq va safo va tuz niyatidin va sortlarning ilm va funun va hikmatidin zohir durur»* [ML,176]. Turkiy xalqlarga esa quyidagicha baho beradi: *«Turk sortdin tez fahmroq va baland idrokroq va xilqati sofroq va pokroq maxluq bo'lubtur»*[ML,177]. Anglashiladiki, Alisher Navoiy turkiylarni tez fahmli, zukko, idroki baland, tafakkuri yuqori darajada taraqqiy etgan xalq sifatida baholayapti. Demak, tafakkuri rivojlangan xalqning tili ham boy, go'zal, taraqqiy etgan bo'ladi. Shunga ko'ra turkiy (o'zbek) til so'zga boy, nafis va rivojlangan tildir.

3. Alisher Navoiy tilshunoslikning leksik uslubiyat (leksik stilistika) sohasi rivojiga ham munosib hissa qo'shdi, ilmiy-amaliy stilistikani asoslab berdi. Bunga dalil sifatida Alisher Navoiy asarida *yig`lamoq* fe'lining *yig`lamsinmoq, ingramak, singramak, siqtamoq, o'kurmak, hoy-hoy yig`lamoq, inchkirmak* kabi yettita sinonimi borligini qayd qilishini va bu sinonimlarning har birining ma'nolarini va mazkur ma'nolar orasidagi uslubiy farqlar va nozikliklarni ko'rsatib o'tganligini aytish mumkin. Alloma ma'lum ma'noni turli shakllarda ifodalash mumkinligini, nutqda bu shakllardan foydalanishda so'zlovchining turli imkoniyatlari borligini, nutqning qay darajada amalga oshishi esa so'zlovchining maqsadi, mahorati va dunyoqarashiga bog`liq ekanligini alohida qayd etadi.

4. Alisher Navoiy dunyo tilshunosligida yangi ilmiy yo'nalish – komprativistika (qiyosiy tilshunoslik)ga asos soldi. Uning tadqiq yo'llari, tahlil usullari, metodologik asosini ishlab chiqdi. U turli oilaga kiruvchi ikki til – turkiy va forsiy tillarning leksik, fonetik va morfologik xususiyatlarini o'zaro

qiyoslab, tipologiyaning leksik-semantik, fonologik, morfologik aspektlarini ishlab chiqdi. Asar boshdan-oxir tipologiyaga, tillarni chog`ishtirish yo'rig`iga, metod va usullariga tayanadi.[34] Afsuski, tilshunoslik tarixida chog`ishtirma tilshunoslikning paydo bo'lishi G`arb tilshunoslarining nomi bilan bog`lanadi va bu tilshunoslik yo'nalishining boshlanishi XIX asrdan deb belgilanadi. Bu fikrlar G`arb olimlarining Alisher Navoiy asarlaridan bexabarligidan paydo bo'lgan.[35]

5. Alisher Navoiy tovush (fonema) va harfning o'zaro munosabati xususidagi ilmiy qarashlarni o'zining yangi fikrlari bilan takomillashtirdi. U tovush (fonema) va harf bir-biriga doimo ham mos kelavermasligi, bir harf bir necha tovush (fonema)ni ifodalashi mumkinligini, masalan, *yoy* harfi to'rt tovush (fonema)ni, *vov* harfi ham to'rt tovush (fonema)ni ifodalashini aytib o'tadi. Anglashiladiki, Navoiy asarida garchi fonema terminini qo'llamagan bo'lsa-da, tovush tipi (fonema)ni aniq ko'rsatib o'tgan va fonema tushunchasini misollar bilan keng izohlagan. U so'z tarkibida bir xil fonetik vaziyatda kelgan tovushni boshqasiga almashtirib, ma'no farqlash belgisiga qarab fonologik vazifa bajarishi yoki bajarmasligini aniqlaydi. Bunday usul asrimiz boshlarida Praga lingvistik maktabida va Amerika deskriptiv tilshunosligida qo'llanildi hamda distributsiya nomi bilan yuritildi.[36]

6. Alisher Navoiy asarida so'z yasovchi vosita va yasalmalar xususida ayrim ma'lumotlar keltirilganki, ular tarixiy morfologiya uchun ahamiyatlidir. Masalan, u -*chi* yasovchi vositasining imkoniyati kengligi, asos qismga qo'shilib, bu qismning ma'nosi bilan bog`liq turli shaxs otlarini hosil qilishini aytib o'tadi va quyidagi misollar bilan fikrini dalillaydi: *qo'ruqchi, tamg`achi, jibachi, yo'rg`achi, kemachi, qo'ychi, turnachi, kiyikchi, tovushqonchi* va boshqalar.

---

[34] Содиков К. Тарихий лексикография / Ўкув кўлланма. –Т.: Тошкент давлат Шаркшунослик институти, 2012. –Б. 39.
[35] Нурмонов А. Ўзбек тилшунослиги тарихи / Ўкув кўлланма. –Т.: Ўзбекистон, 2002. –Б. 86.
[36] O`sha asar, 87-bet.

7. Alisher Navoiyning bu asari o'zbek va fors-tojik tillarini, ularning lug'at tarkibini taqqoslashga bag'ishlangan ilk filologik asar ekanligi bilan ham ahamiyatlidir. Asarda keltirilishicha, fors-tojik tillari turkiy (o'zbek) tilga, xususan, uning lug'at tarkibiga eng ta'sir ko'rsatgan tillardan biridir. Ayni paytda bu tillarga turkiy (o'zbek) tillardan juda ko'plab (*qatlama, qurut, bulamog'* kabi) so'zlar ham o'zlashgan. Alloma fikricha, dunyodagi tillar bir-biriga ta'sir ko'rsatishi sabab rivojlanib boradi.

8. «Muhokamatul-lug'atayn» asarining yana bir ahamiyatli tomoni shundaki, o'zbek tili tarixida o'zbek tilini rasmiy va adabiy til maqomiga erishishini o'ylab yozilgan bu kabi asar XX asr boshlariga qadar yaratilgan emas. Ushbu risola, mubolag'asiz aytish mumkinki, davlat hujjatlarini turkiy (o'zbek) tilda yuritishga da'vat etgan va uni badiiy ijod olamiga keng joriy etishni targ'ib qilgan ilk asarlardan biridir.

Alisher Navoiyning buyuk xizmati shundaki, u o'zbek tili tarixida ilk bor til va tafakkur, til va nutq, shakl va mazmun masalasini qisman bo'lsa ham tahlil etdi, ularning o'zaro munosabatiga aniqlik kiritdi. Alloma o'zbek tili bilan fors-tojik tilini qiyosiy o'rganishda, o'zbek tilining lug'at boyligini ko'rsatishda, turkiy va forsiy xalqlarning tafakkuri darajasini baholashda xolisona fikrlarni bayon qildi: birining ahamiyatini oshirib, ikkinchisini kamsitmadi. Balki har ikkala xalq va tilga barobar munosabatda bo'ldi, til hodisalarini aniq, chuqur tahlil qilish asosida o'zbek tilining ham fors-tojik tili singari boy va go'zalligini, unda yuksak badiiy asarlar yaratish imkoniyatlari keng ekanligini namoyish qildi.

Turkiy (o'zbek) tilning ijtimoiy-siyosiy, madaniy va adabiy hayotdagi obro' hamda mavqeini ko'tarishga bag'ishlangan mazkur tadqiqot na faqat o'zbek, balki butun jahon fani tarixida muhim ahamiyatga ega. Navoiyning bu va boshqa asarlarida o'zbek adabiy tilining umumxalq me'yorlari ishlab chiqildi va qat'iylashtirildi. Bu me'yorlar uning zamondosh va keyingi davr ijodkorlari tomonidan to'la ma'qullanib, davom ettirildi va rivojlantirildi. Uning barcha ilmiy-badiiy asarlari o'zbek adabiiy tilining keyingi taraqqiyoti uchun muhim manba bo'lib xizmat qildi.

BOBUR ASARLARINING TIL VA USLUBI

Amir Temurga beshinchi avlod Zahiriddin Muhammad ibn Umarshayx Mirzo – Bobur (1483-1530), birinchidan, davlat arbobi, mohir sarkarda, boburiylar sulolasi asoschisi sifatida jahon tarixida o'ziga xos o'ringa ega bo'lsa, ikkinchidan, nafaqat turkiy, balki jahon xalqlarining ma'naviyati va adabiyoti taraqqiyotiga ham katta ta'sir etgan buyuk mutafakkirdir.

Bobur yoshlik davridan harbiy ta'lim, fiqx ilmi, arab va fors tillarini puxta o'rgandi, ilm-fanga, ayniqsa, she'riyatga havas qo'ydi. Bobur otasi yo'lidan borib, mashhur sufiy — Xoja Ahrorga ixlos qo'ydi va uning tariqati ruhida voyaga etdi, umrining oxiriga qadar shu e'tiqodga sodiq qoldi. Otasi Axsida bevaqt, 39 yoshida fojiali halok bo'lgach, oilaning katta farzandi, 12 yoshli Bobur 1494-yil iyun oyida valiahd sifatida taxtga o'tiradi.

Bobur davlat arbobi va ko'p vaqti jangu jadallarda o'tgan bo'lishiga qaramay ijodiy ishga vaqt topa bildi, ilm, san'at va ijod ahlini o'z atrofiga to'plab, ularga homiylik qildi, ularni o'z o'rnida rag'batlantirdi. U umrining oxirigacha samarali ijodiy ish bilan shug'ullandi, har qanday sharoit va vaziyatlarda ham ijoddan to'xtamadi, natijada, o'zidan boy ilmiy va adabiy meros qoldirdi.

Boburning o'z she'riy asarlarini to'plab, devon holiga keltirgan sanani ko'rsatuvchi aniq tarixiy ma'lumotlar ma'lum emas. Ammo «Boburnoma» asarining 1518-1519-yillar voqealari bayoniga bag'ishlangan faslida Bobur devonini Kobuldan Samarqandga yuborganligi to'g'risida so'z boradi. Demak, shu yillarda uning devoniga tartib berilgan va mazkur devon Movarounnahrda ham tarqalgan. Hozirda uning 119 g'azali, bir masnu she'ri, 209 ruboiysi, 10 dan ortiq tuyuq va qit'alari, 50 dan ortiq muammo va 60 dan ziyod fardlari aniqlangan. Devon tarkibida umumiy hajmi 270 baytdan iborat 8 masnaviy ham o'rin olgan. Hindiston yurishlari davri (1521)da Bobur "Mubayyin" asarini yaratdi. Masnaviy tarzida yozilgan, islom huquqshunosligi va shariat aqidalariga bag'ishlangan bu asarda Movarounnahr va Hindistonga oid o'sha davr ijtimoiy-iqtisodiy hayoti bo'yicha qiziqarli ma'lumotlar ham jamlangan. Valiahd Humoyun va Komron Mirzolarga dasturulamal sifatida mo'ljallangan mazkur asarda, ayni zamonda, namoz, zakot va haj ziyorati to'g'risida ham shar'iy mezonlar bayon qilingan.

Shuningdek, Bobur nazarda tutilgan yillarda Sharq she'riyatining asosiy masalalaridan biri aruz vazni, uning nazariyasi va amaliyotiga oid "Aruz" nomli ilmiy risolasini yozadi. «Boburnoma» ustidagi ijodiy ishini esa 1518-19-yillarda boshlaydi. Boburning yuqorida keltirilgan asarlaridan tashqari, "Xatti Boburiy" (ayrim ilmiy tadqiqotlarda "Boburiy xat" deb nomlangan)[37], shuningdek musiqa san'ati va harb ishlariga maxsus bag'ishlangan qator risolalari ham bo'lgan.

Ammo keyingi ikki asar matni hanuz topilgan emas. «Xatti Boburiy»da muallif arab alifbosini tahrir etib, yozuvni soddalashtirish va osonlashtirish maqsadida uni turkiy til va talaffuz mezonlariga moslashtirgan. Bobur umrining oxirlarida Xoja Ahror Valiy ruhidan najot tilab, ixlos bilan uning nasrda bitilgan «Volidiya» asarini she'riy tarjima qiladi.

Bobur o'zining noyob iste'dodi bilan o'zbek mumtoz she'riyatini yuksak darajaga olib chiqdi. Boburshunos I.V.Stebleva bu xususda quyidagilarni yozadi: *"Boburning shoirlik mahorati O'rta Osiyo mumtoz she'riyatining taraqqiyot yo'lidagi yuksak bir cho'qqidir"*[38]. Adib va olim Pirimqul Qodirov esa Bobur ijodini mumtoz adabiyotimiz taraqqiyoti yo'lidagi yangi yuksaklikka olib chiqqan xususiyat sifatida shunday fikrni aytadi: *"Bobur Mirzo Alisher Navoiy dahosi bilan mumtozlik darajasiga ko'tarilgan adabiyotimiz va adabiy*

---

[37] Бу хусусда каранг: Ибрагимов А. Бобур асарлари лексикасининг лингвостатистик, семантик ва генетик тадкики ("Девон", "Мубаййин", "Аруз"): Филол. фан. док. ... дисс. автор. –Т.: 2008. –Б. 40.
[38] Стеблева В.В. Бобур ғазаллари семантикаси. –М.: 1962. –Б. 6.

tilimizning boy tajribasini astoyidil o'zlashtirdi va o'z ijodiga samarali tatbiq etdi "[39].

Bobur asarlarining tili Alisher Navoiy asarlari tiliga nisbatan sodda, jonli so'zlashuv, ya'ni tabiiy tilga juda yaqin. Adib lirik she'rlarida umumturkiy so'zlarning miqdori forsiy va arabiy o'zlashma so'zlarga qaraganda ancha ko'p. Unda *ko'ngil, eshik, ko'z, qon yo'l, tengri, o'q, el, oy, yurak, bosh, yuz* (son), *qosh, oyoq, qaro* (qora), *qul* kabi umumturkiy so'zlar qo'llangan. Bu kabi so'zlar na faqat o'zbek xalq shevalarida, balki hozirgi o'zbek adabiy tilida ham faol qo'llanishda davom etmoqda.

Shoir she'rlarida muayyan miqdorda qadimgi turkiy so'zlar ham mavjud. Ular jumlasiga *tuz* (tik, to'g'ri), *ayaq* (kosa, piyola), *asru* (juda ko'p) *asig'* (foyda, manfaat), *meng* (katta xol), *usruk* (mast, sarxush) kabilarni aytish mumkin. *Tuz* so'zi Mahmud Koshg'ariyning "Devonu lug'otit turk" asarida "tik, to'g'ri" degan ma'noni bildirishi aytilgan. Qirg'iz tilida *tuz* so'zi hozir ham shu ma'noda qo'llaniladi. Andijon shevasida ham *tuz* so'zi hanuzgacha "to'g'ri, tekis" ma'nosida ishlatiladi[40].

E'tiborli tomoni shundaki, Alisher Navoiy asarlari tilida qo'llangan qadimgi turkiy so'zlardan ayrimlari Bobur she'riyati tilida uchramaydi. Bunga misol sifatida *o'kush/o'gush* (ko'p, ancha, talay), *injimak* (ranjimoq, xafalanmoq) *o'sol* (yomon, yaramas), *o'tmak* (non), *chavuk* (rang, tus), *chug'ul* (chaqimchi, g'iybatchi, ig'vogar), *kunash/kunas* (quyosh) kabi so'zlarni misol tarzida keltirib o'tish mumkin. Anglashiladiki, mazkur so'zlarning iste'mol doirasi nazarda tutilgan davrga kelib toraygan.

Bobur ham Alisher Navoiy davridagi fozil kishilar kabi turkiy so'zlar bilan birga arab va fors tillaridan kirgan so'z hamda iboralardan ma'lum miqdorda foydalanadi. Shoirning lirikasida forsiy: *dilafkor, giriftor, nochor, jahon, dilrabo, orom, gulzor, xasta, mehr, nodon, dushvor, shoh, ro'zgor, dard,*

[39] Қодиров П. Тил ва эл. –Т.: Маънавият, 2010. –Б. 205.
[40] O'sha asar, 173-bet.

bahor, noxush, navro'z, lab; arabiy: *mahram, asror, mubtalo, furqat, vasl, umr, oshiq, hajr, savdo, ishq, fasl, havo, habib, jannat, mehnat, tafakkur* kabi o'zlashma so'zlar mavjud. Shoir she'riy asarlarida qo'llangan bu va boshqa forsiy hamda arabiy o'zlashma so'zlar hozirgi o'zbek adabiy tilida faol qo'llanishda davom etmoqda.

Ayrim izohtalab, bugungi o'zbek adabiy tili uchun iste'moldan chiqqan so'zlar ham shoir she'rlari tilida uchraydi. Bunga misol sifatida forsiy *ashk* (ko'z yoshi), *tiyra* (qorong'u, qora; g'am-g'ussali), *chashm* (ko'z), *mul* (may, sharob), *dunparvar* (past kishilarni tarbiya qiluvchi; yomonlarni yuzaga chiqaruvchi), arabiy *dahr* (dunyo, olam, zamon, davr), *xad* (yonoq, yuzning qizarib turgan joyi), *laim* (past, xasis, nokas) kabi so'zlarni aytib o'tish mumkin. E'tiborli jihati shundaki, shoir she'rlari tilida *charx* so'zining ko'p qo'llanilganligini kuzatish mumkin. Aslida bu so'z forsiy o'zlashma bo'lib, uning o'z lug'aviy ma'nosi *g'ildirak, aylanishdir*. Shoir bu so'zni ko'proq majoziy ma'noda, ya'ni *osmon, ko'k, falak; taqdir, tole'* ma'nolarida istifoda etgan.

Bobur yashagan davr adabiy tilida *–lik / -liq* affiksi bilan yasalgan so'zlar juda ko'p uchraydi. Masalan, *yomonliq, yaxshilig', yorlig'* (oshiqlik) va h.k. Bundan anglash mumkinki, mazkur qo'shimcha asosida so'z yasash imkoniyati eski o'zbek adabiy tilida ham keng bo'lgan. Shoir she'rlarida aralash tipdagi ayrim so'zlar ham uchraydi. Masalan, *vafodor* (arabcha + forscha), *jafokor* (arabcha + forscha), *oshiqliq* (arabcha + umumturkiy) kabi.

Shoir she'rlarida *shod-g'am, farog'at-mashaqqat, yaxshilik-yomonlik, raqib-rafiq, ko'p-oz, do'st-dushman, yoruq -qorong'u kunduz-kecha, usruk* (mast, bexush)-*hushyor, dushvor* (qiyin, og'ir, mushkul)-*oson* kabi zid ma'noli so'zlar lirik qahramonning turli holatlari, voqeliklar, ya'ni ijtimoiy-siyosiy hayotdagi turfa ziddiyatlar hamda olamdagi rang-barang ko'rinishlarni tasvirlash uchun qo'llanilgan. Shoirning quyidagi baytida teran falsafiy fikr tazod san'ati yordamida ifodalangan:

Ey koʻŋul, chun yaxshidin koʻrdung yomonlïgʻ asru koʻp,

Emdi koʻz tutmoq ne yaʼni har yomondin yaxshïlïgʻ.

Shoir oʻzbek tilining benihoya keng imkoniyatlari, goʻzalligi va jozibadorligidan juda unumli hamda mahorat bilan foydalangan. Uning, ayniqsa, koʻp maʼnoli leksik birliklardan oʻz oʻrnida qoʻllashdagi isteʼdodi hayratlanarlidir. Misol:

Yor yuzumni koʻrub dardu gʻamïm bilsa kerak,

Yuz koʻrub dardu gʻamïm chorasini qïlsa kerak.

Bayt mazmunini izohlarsiz tushunish mumkin. Unda birinchi misradagi yuz soʻzi yorning yuzi, ikkinchi misradagi yuz soʻzi sanoq son maʼnosini anglatadi. Bundan tashqari shoir bosh soʻzining koʻp maʼnolilik xususiyatini eʼtiborga olib, undan ajoyib mantiqiy fikr ifodalashda samarali foydalangan: *Sochining savdosi tushti boshima boshdin yana. Misrada kelgan birinchi bosh soʻzi* tana aʼzozi, *ikkinchi bosh soʻzi esa avval, dastlab maʼnosida qoʻllanilgan.*

Shoir sheʼrlarida maʼnodosh soʻzlarning arabiy + forsiy + arabiy (*olam – jahon - dahr* kabi), umumturkiy + forsiy (*koʻz - chashm* kabi), umumturkiy + arabiy + arabiy (*kishi – odam - bashar* kabi), forsiy + umumturkiy (*ashk - koʻz yoshi* kabi), arabiy + forsiy (*habib - d*oʻst kabi) tiplari mavjud. Masalan:

Koʻz koʻrar, lekin solur meni balogʻa bu koʻŋul,

Bu baloni necha chashmi xunfïshondïn koʻrgamen.

Shoir sheʼrlari, ayniqsa, tuyuqlarida omonimlardan mahorat bilan foydalanib, tajnis sanʼatining betakror namunalarini yaratgan.

Ulki, har koʻzi gʻazolï Chindurur,

Qoshïda payvasta aning chindurur.

Chunki koʻp yolgʻon aytti ul manga,

Gar desam yolgʻonchï oni chindurur.

Birinchi misradagi *Chin* soʻzi forsiy atoqli ot boʻlib, u Xitoyning Sharq mamlakatlarida qabul qilingan va oʻzbek tilida uchraydigan nomidir [OʻTIL,488]. Ikkinchi misradagi *chin* soʻzi umumturkiy sifatga oid boʻlib, *haqiqiy, haqqoniy, chinakam* ma'nolarini ifodalaydi. To'rtinchi misradagi *chin* so'zi esa umumturkiy bo'lib, *to 'g 'ri, rost* ma'nosini anglatadi. Joy nomlaridan *Xuroson, Xitoy, Chin, Roy* kabilar qo'llanilgan. *Roy* nomi bilan shoir Hindistonni nazarda tutgan, "Navoiy asarlari lug'ati"da esa bu so'z *hind podshohlarining unvoni* deb izohlangan.

Bobur she'rlarida hozirgi o'zbek adabiy tilida nisbatan oz qo'llanuvchi *rafiq* so'zini ko'p qo'llagan. Bu so'z arabiy bo'lib, uning asl lug'aviy ma'nosi *yo 'ldosh; sherik, do 'st, o 'rtoq; ma 'shuq, mahbub; umr yo 'ldoshi*dir [O'TIL,358]. Shoir mazkur so'zni ko'proq *do 'st, o 'rtoq* ma'nolarida qo'llagan.

SHoir harfiy san'atlardan ham mahorat bilan foydalangan. Uning quyidagi baytida shunday badiiy san'at voqelanganligini ko'rish mumkin:

Nechakim qoshï yolar ishqïda tuzlukni ko'rsattim,

Vale oxir malomat o'qlarïg'a-o'q nïshon bo'ldum.

Anglashiladiki, ushbu baytning birinchi misrasida shoir ma'shuqaning qoshini o'zbek-arab alifbosidagi *yo* harfiga qiyoslagan. Izoh sifatida aytish mumkinki, ma'shuqaning qoshini *yo* harfiga o'xshatish Boburdan avval ijod etgan shoirlar, chunonchi, Alisher Navoiy badiiy asarlari tilida ko'p uchraydi. Bobur Sharq, jumladan, o'zbek mumtoz adabiyotida qo'llanilgan mazkur she'riy san'atdan an'anaviy tarzda foydalangan. Shoir yuqorida keltirilgan baytda aytmoqchi, "bir qancha qoshi *yo* ma'shuqalar ishqida o'zimning to'g'riligimni, ya'ni so'zim chin ekanligini dalilladim, biroq oxirida har doim ularning malomat o'qlariga nishon bo'ldim". Oshiqning darddan egilgan qaddini *dol* harfiga tashbih etadi: *Za 'fliq jismim bila bu notavon ko 'nglum aro, Dardi yor erkanga ushbu egma qaddim doldur.*

Shoir she'rlarida qator o'xshatishlar mavjud. Ular tarkibida an'anaviy o'xshatishlar ham, ijodkorgagina xos o'xshatishlar ham uchraydi. Sharq, chunonchi, o'zbek mumtoz adabiyotida an'anaviy tarzda qo'llanilib kelingan oshiqni bulbulga, uning holatini telbaga, ma'shuqani gulga, uning yuzini oy va quyoshga, husnini chamanga, qoshini yangi chiqqan hilol (oy)ga, zulfini sunbulga o'xshatishlar shoir she'rlarida ham istifoda etilgan.

Tishing dur, labing marjon, xading gul, xating rayhon,

Yuzung xur, soching anbar, so'zung mul, menging meynon.

Shoirning g'azalidan keltirilgan mazkur bayt to'lig'icha tashbih san'ati asosida shakllantirilgan. Adib ma'shuqaning tishini durga, labini marjonga, xad (yonog'i)ni gulga, xat (izi)ni rayhonga, yuzini xur (quyosh, oftob)ga, sochini anbar (xushbo'y qora modda)ga, so'zini mul (may, sharob)ga o'xshatadi. She'riy parchada, e'tibor berilsa, mahbubaning labi marjonga, so'zi esa mayga qiyoslanganki, bunday tashbih boshqa mumtoz adabiyot vakillarining asarlarida uchramaydi. Bundan anglash mumkinki, shoir o'ziga xos individual o'xshatishni yaratgan.

Shoir she'riy asarlarida payg'ambarlar nomi *Xizr Masih*, asar qahramonlari nomi *Farhod, Majnun, Layli, Shirin* kabi antonomaziyalar uchraydi. Shoir ulardan talmih san'atini voqelantirish uchun foydalangan. Misol:

Qani Shirin bila Layliki sendin noz o'rgansa,

Qani Farhodu Majnunkim, alarg'a ïshq o'rgatsam.

Bobur lirik asarlarida an'anaviy tarzda qo'llanishda bo'lgan ko'chimlar – metafora, o'xshatish kabilardan mahorat bilan foydalanib, ular vositasida she'riyatini turli badiiy san'atlar bilan boyitdi. Shunday badiiy san'atlardan biri talmihdir. Ayonki, mazkur san'at Yevropa tilshunosligida *antonomaziya* termini bilan ataladi. U badiiy asar yoki nutqda mashhur tarixiy voqea va shaxslar, afsonalar, adabiy asarlar yoki maqollarga ishora qilish usulidir. Antropotsentrik paradigma yo'nalishidagi tadqiqotlarda esa ushbu tushuncha *allyuziya* yoki *pretsedent nomlar* terminlari bilan yuritilmoqda.

"Lingvokulturologiya terminlarining qisqacha izohli lug'ati"da allyuziya va pretsedent nomlarga quyidagicha tavsif berilgan: 1) "Allyuziya (lot. *ishora, hazil*) muayyan til birligi vositasida biror adabiy yoki ijtimoiy-tarixiy faktga ishora qilishdan iborat uslubiy figuradir. Lingvokulturologiyada allyuziya ikki madaniy-semiotik maydonning o'zaro munosabati nuqtai nazaridan o'rganiladi"[41]; 2) "Pretsedent nomlar mashhur matnlar yoki vaziyatlar bilan bog'liq bo'lgan nomlar, shuningdek, muayyan sifatlarning namunaviy yig'indisiga ishora qiluvchi ramziy nomlardir. Masalan, *Alpomish, Majnun, Suqrot, Hotam, Napaleon, Rim, Samarqand, G'irot, Kolumbiya*"[42]. O'zbek tilshunosligida talmih badiiy san'atiga asos bo'luvchi birliklar lingvopoetika va antropotsentrik yo'nalishlarda *onomastik birlik, onomastik metafora, pretsedent nom, allyuziv nom* va "*so'zlovchi*" *nomlar* kabi atamalar ostida o'rganilib kelinmoqda[43].

Anglashiladiki, mazkur terminlar izohida ba'zi ayirmalar bo'lsa-da, mazmun-mohiyatida umumiy bir xillik mavjud. Ularning barchasida yagona ustuvor fikr mujassamlashgan, ya'ni asar yoki nutqda mashhur tarixiy voqea va shaxslar, afsonalar, adabiy asarlar yoki maqollarga ishora qilish mazmuni singdirilgan. Ilmiy manbalarda qayd etilishicha, talmih boshqa badiiy san'atlar, chunonchi, tashbih, tamsil, irsol ul-masal, laff va nashr kabilar bilan birga o'xshatish asosidagi san'atlar turkumiga kiradi. U she'rda oz so'z bilan ko'p ma'noni ifodalash san'ati bo'lib, unda ma'lum, mashhur adabiy va tarixiy asarlarga murojaat etiladi. Talmih xususida Atouloh Husayniy, Y.Is'hoqov, T.Boboyev, A.Hojiahmedov kabi olimlarning tadqiqotlarida, shuningdek, adabiyotshunoslik terminlari lug'atlarida, adabiyot nazariyasiga oid bir qator qo'llanmalarda ma'lumot va tavsiflar mavjud[44].

Talmih shunday badiiy san'atki, unda aytish lozim bo'lgan fikr boshidan oxirigacha to'liq aytilmaydi, voqea-hodisa, holat batafsil tasvirlanmaydi, o'sha

---

[41] Худойберганова Д. Лингвокультурология терминларининг қисқача изоҳли луғати. –Т.: Турон замин зиё, 2015. –Б. 40.

[42] O'sha manba, 35-bet.

[43] Анданиёзова Д. Бадиий матнда ономастик бирликлар лингвопоэтикаси: Филол. фан. б. фалс. док. дисс. автор. –Т.: 2017. –Б. 11.

[44] Qarang: Ҳусайний. А. Бадойиъ-ус-санойиъ. -Т.: Ғ. Ғулом номли адабиёт ва санъат нашриёти, 1981. - 400 б.; Исҳоков Ё. Сўз санъати сўзлиги. -Т.: Заркалам, 2006. -125 б.; Бобоев Т. Шеър илми таълими. Т.: Ўқитувчи, 1996. -142 б.; Ҳожиахмедов А. Мумтоз бадиият малоҳати. -Т.: Шарк, 1998. -128 б.

fikr yoki voqea-hodisaga mos keladigan boshqa biror badiiy yoki tarixiy faktga ishora qilish orqali katta natijaga erishish, bir so'z bilan ko'p tushuncha ifodalash imkoni yuzaga keladi. Talmih san'atining asosiy shartlaridan biri shundaki, unda ishora qilinayotgan tarixiy yoki badiiy faktning mashhur, ya'ni ko'pchilikka ma'lum bo'lishi kerak. Hozirgi davr nuqtai nazaridan Bobur qo'llagan talmihlarning aksariyatini o'qiganda yoki eshitgandayoq fahmlash, qaysi faktga ishora, murojaat etilyotganini tezda anglash mumkin. Uning lirik asarlarida qo'llangan antonomaziyalarning asosiy qismini badiiy asarlardagi obraz, payg'ambar va tarixiy shaxslar nomi tashkil etadi. SHunga ko'ra ularni quyidagicha tasnif qilish mumkin:

1)badiiy asarlardagi obrazlar ta'sirida shakllantirilgan talmihlar. Bobur lirikasida bunday xususiyatli antonomaziyalardan *Layli, Majnun, Farhod, Shirin* kabilarni misol sifatida aytib o'tish mumkin. Masalan:

Qanï Shirin bila Layliki sendin noz o'rgansa,

Qanï Farhodu Majnunkim, alarg'a ïshq o'rgatsam.

Anglashiladiki, mazkur baytda *Shirin, Layli, Farhod, Majnun* talmihlari qo'llanilgan bo'lib, shoir bu bilan badiiy adabiyotda mashhur va ma'lum obrazlarga ishora qiladi. Ayonki, "Layli va Majnun" "Farhod va Shirin" mavzusida SHarq xalqlari adabiyotida ko'plab qissalar yaratilgan. Ayniqsa, "Layli va Majnun" mavzusidagi qissalar o'zining qadimiyligi va ko'pligi bilan alohida ajralib turadi. Mazkur ishqiy qissaning kelib chiqish manbai qadimgi arablar hayoti bilan bog'liq voqealarga borib taqalishi ilmiy-tarixiy manbalarda keltirib o'tilgan. Shunday manbalardan biri Ibn Qutaybaning "Kitobu-sh-she'r va-sh-shuaro" asaridir. Unda keltirilishicha, Majnun tarixiy shaxs bo'lib, SHimoliy Arabistondagi Bani Omir qabilasiga mansub bo'lgan. U o'z qabiladoshi Layli ismli qizni sevib qoladi va unga bag'ishlab she'rlar to'qiydi. Majnunning she'rlari mazmunli va ta'sirli bo'lganligi bois uning she'rlari qabiladoshlari orasida keng tarqalgan hamda yod olingan.

Biroq ayrim tadqiqotchilar Majnunning tarixiy shaxs emasligini aytishadi, uning nomi majoziy ma'noda qo'llangan, Majnunga nisbat berilgan she'rlar esa amakisining qizini sevib qolgan umaviy bir yigitning she'rlaridir, u she'rlarida Majnun taxallusini qo'llagan, deb uqtiradilar. Majnunning tarixiy shaxs yoki tarixiy shaxs emasligi masalasi hozirga qadar bahsli masalalardan biri bo'lib turibdi. Aniqlangani shuki, VII asrning ikkinchi yarmidan boshlab arab she'riyatida Majnun taxallusi bilan ishqiy mavzudagi she'rlar paydo bo'lgan. Fors adabiyotining buyuk namoyandasi Nizomiy Ganjaviy mazkur qissani ilk bor doston tarzida yaratdi. Undan keyin Amir Xusrav Dehlaviy, Ashraf Marog'iy, Abdurahmon Jomiy, Alisher Navoiy, Fuzuliy kabi shoirlar mazkur dostonga javob yozdilar. Bobur yuqoridagi baytida mazkur ijodkorlarning asarlaridagi mashhur obrazlarning ilohiy, beg'ubor va samimiy sevgisiga ishora etgan;

2) payg'ambarlar nomi asosida yuzaga kelgan talmihlar. Bunday talmihlarga diniy-afsonaviy, mifologik qahramonlar nomi asos bo'lib xizmat qiladi. Tilshunoslikda bunday nomlar *agionim* (yun. *muqaddas, ilohiy nom*)lar deb yuritiladi va unda muqaddas deb bilinadigan ob'ekt nomlari o'rganiladi. Bunday xususiyatli antonomaziyalardan Bobur asarlarida *Xizr, Ayyub* kabi payg'ambarlar nomi qo'llanilgan. Masalan:

Xatsh labïg'a tutash bo'lsa, ey ko'ɳul, ne ajab,

Ki Xizr chashmayi hayvong'a rahnamoedur.

Baytda qo'llanilgan Xizr payg'ambarning nomi talmih bo'lib, u arab tilida *yam-yashil* lug'aviy ma'noni anglatadi. Xizr payg'ambarning karomati shundayki, u qurib, sarg'ayib qolgan o't-o'lanlarning ustiga o'tirganida ular yam-yashil tusga kirgan, qaerda namoz o'qisa, uning atrofi yam-yashil bo'lib qolgan. SHunga ko'ra ushbu payg'ambar Xizr deb atalgan. Mazkur baytda shoir *Xizr* payg'ambar nomi bilan *chashmayi hayvon* birikmasini ham qo'llaydiki, bu Xizr payg'ambar nomining majoziy ma'nosini yana ham yorqinroq ifodalashda muhim omil bo'lgan. Ma'lumki, *chashmayi hayvon* birikmasi *tiriklik bulog'i* lug'aviy ma'nosini bildiradi;

3) tarixiy shaxslar nomi asosida yaratilgan talmihlar. Bu kabi talmihlarga *Abdussamadi Tarxon, Nosir shahzoda, Xondamir* kabilarni misol sifatida qayd etish mumkin. Bunday antonomaziyalar real, ya'ni hayotiy shaxslar nomidan iborat bo'ladi. Masalan:

Shayxu mullo Shihobu Xondamir,

Keling uch-uch, iki-iki, bir-bir.

Bobur she'rida keltirilgan Xondamir (1473-1534) mashhur tarixchi bo'lib, otasi temuriylardan Sulton Maxmud mirzoning vaziri bo'lgan. Xondamir o'n yoshida Alisher Navoiyning kutubxonasida kutubxonachi, so'ng mudir vazifasida faoliyat yuritgan. Keyinchalik Bobur huzuriga xizmatga borgan. Uning vafotidan so'ng Xondamir Humoyun bilan harbiy yurishlarda ishtirok etgan. Unga bag'ishlab "Humoyunnoma" asarini yozgan. Bobur mazkur baytida ana shu mashhur tarixchiga ishora etgan. Alohida ta'kidlash o'rinliki, Bobur tomonidan qo'llanilgan ayrim tarixiy shaxslarning nomi hozirgi o'zbek kitobxoni uchun nisbatan ma'lum emas (masalan, *Nosir shahzoda*). Bundan tashqari, ularning ba'zilari talmih san'atini voqelantirish uchun ham qo'llanilgan emas, majoziy ma'no ifodalamaydi. Bunday nomlar shoir lirik asarlari tilida nisbatan oz uchraydi.

Jahon adabiyoti taraqqiyotiga munosib hissa qo'shgan Bobur lirik asarlarida antonomaziyalar alohida tizim sifatida shakllangan bo'lib, ular asar qahramonlarining ma'naviy va jismoniy xususiyatlarini aniq, yorqin va ta'sirli ifodalashda shoir uchun muhim ko'chim turlaridan biri bo'lib xizmat qilgan. SHoir poetik asarlaridagi antonomaziyalar, asosan, ot so'z turkumidagi so'zlar asosida shakllantirilgan. Ularning ko'pchiligi arab tilidan o'zlashgan atoqli otlardir. Adib asarlarida qo'llangan juda ko'plab antonamaziyalar hozirgi o'zbek badiiy adabiyotida an'anaviy tarzda hozir ham faol qo'llanishda davom etmoqda. Ularning lingvistik mohiyatini ochib berish, ilmiy-nazariy tavsifini berish, izohlash, lingvopoetik va uslubiy xususiyatlarini tadqiq etish o'zbek tilshunosligi uchun hamisha dolzarb masalalardan biri bo'lib qoladi.

Ma'shuqa obrazini tasvirlashda shoir *gul, quyosh,* qora qosh, *jon, hur, pari, oy, sabo, pariyvash, mohsiymo, la'li shakarho, ruxsorayi zebo, pariy paykar, tabib, ruh, tifli pariyvash, nigoro,* oshiq tushunchasini ifodalashda *qul, telba, Majnun, bulbul, devona* kabi so'zlardan keng va o'rinli foydalangan. Mazkur so'z va so'z birikmalari shoir she'riyatida majoziy ma'noda, aniqroq qilib aytganda, istiora sifatida voqelangan. Misol:

Meni o'lturdu jafoi javr birla ul quyosh,

Emdi turguzmak uchun mehru vafosi qoldïmu?!

Bobur lirikasida umuminsoniy fazilatlar, hayot quvonchlari va g'amlari, yor vasli, uning ichki va tashqi go'zalligi, unga cheksiz muhabat, hijron azobi, ayrilig' alamlari va visol quvonchlari nihoyatda go'zal va mahorat bilan ifoda etilgan.

"BOBURNOMA" jahon ma'naviyati, adabiyoti va manbashunosligida muhim ahamiyatga ega bo'lgan noyob yodgorlik bo'lib, o'zbek adabiyotida dastlabki nasriy memuar va tarixiy-ilmiy asardir. Bu asar «Boburiya», «Voqeoti Bobur», «Voqeanoma», «Tuzuki Boburiy», «Tabaqoti Boburiy», «Tavorixi Boburiy» kabi nomlar bilan ham yuritiladi. Boburning o'zi esa asarini «Vaqoe» ("Rostdan sodir bo'lgan voqealar") va «Tarix» degan nomlar bilan atagan.

«Boburnoma» ensiklopedik asar bo'lib, unda muhim tarixiy voqealar bilan birga etnografiya, tabiiyot, geografiya, adabiyotshunoslik, tilshunoslik va fanning boshqa sohalariga doir juda qimmatli fakt va ma'lumotlar berilgan. Ular hanuzgacha o'z tarixiy va ilmiy ahamiyatini yo'qotmagan ma'lumotlardir. Asar uzoq vaqt davomida o'zbek va bir qator turkiy xalqlar adabiyotida proza janrining ravnaqida juda katta ta'sir ko'rsatdi.

"Boburnoma" asarining muhim jihatlaridan biri shundaki, unda Movarounnahr, Xuroson, Hindiston, Eron xalqlarining XV asr oxiri - XVI asrning birinchi yarmidagi tarixi, ijtimoiy-iqtisodiy hayoti, geografik-ma'muriy tuzilishi, iqlimi, tili, madaniyati, kasb-hunari, qabila va elatlari, yashash sharoitlari, urf-odatlari, toʻy va dafn marosimlari oʻsimlik va hayvonot dunyosi, togʻlari, daryolari, haqida nihoyatda nodir maʼlumotlar keltirilgan. Dunyo olimlari "Boburnoma" asarini eʼtirof etib, unga yuksak darajadagi asar sifatida baho berishgan. Yaponiyalik boburshunos Eyji Mano mazkur asarni "maʼlumotlar xazinasi", angliyalik boburshunos Beverij xonim "butun tarixda yaratilgan yozma yodgorliklarning eng bebahosi", germaniyalik boburshunos Klaus SHoning esa "mukammal tizimdagi xalq tilida yozilgan eng katta hajmdagi asardir", deb taʼrif berishgan.

"Boburnoma" asari dunyoning koʻp tillari — ingliz, golland, fransuz, fors, nemis, italyan, rus, hind, urdu va boshqa tillariga bir necha martalab tarjima qilindi, sharh-izohlar bilan nashr etildi. Asarning jahonga mashhur boʻlishida ingliz sharqshunoslarining xizmati katta boʻldi. Jahonda birinchi inglizcha toʻliq nashri 1826-yilda J.Leyden va V.Erskin tomonidan amalga oshirildi. F.Talbot esa mazkur nashr asosida 2 marta (1878, 1909) uning qisqartirilgan nashrlarini chop ettirdi. Angliyada mazkur asar tarjimalari 9 marta nashr etildi. Yaponiyada esa 1995-96-yillarda asar ikki jilddan iborat qilib, mukammal soʻzlik, koʻrsatkich va sharh-izohlar bilan nashr etildi.

Boburning nasriy va sheʼriy merosini oʻrganishda Fitratning alohida oʻrni bor. U tomonidan 1927-yilda tuzilgan «Oʻzbek adabiyoti namunalari» xrestomatiyasida "Boburnoma"dan parchalar, shoirning 31 gʻazali, 2 masnaviy va 28 ruboiysi berilgan. P.Shamsiyev va S.Mirzayevlar tomonidan "Boburnoma"ning ikki jildli (1948) va bir jildli (1960) nashri chop etildi.

Bobur ushbu asari bilan oʻzbek adabiy tilining bayon uslubini ravonlashtirishga katta ulush koʻshdi. Asar turkiy tillar, chunonchi, oʻzbek tilining ifoda imkoniyatlari aks etgan qomusiy manba hisoblanadi. Unda oʻzbek tili tarixiga oid muhim xususiyatlar oʻz ifodasini topgan. Adib asarini sodda va ochiq uslubda yozishga harakat qilgan, u jimjimador, balandparvoz va havoyi soʻzlardan qochib, birinchi oʻrinda mazmunga eʼtibor bergan. Asarda arabcha, forscha so'zlar va izofalar juda oz ishlatilgan, kitobiy so'zlar emas, balki og'zaki so'zlashuvga xos so'zlar ko'p ko'llangan.

"Boburnoma" asarida hozirgi o'zbek adabiy tilida qo'llanilmaydigan qator eskirmalar mavjud. Bunday so'zlar jumlasiga *ilik* so'zini aytish mumkin. Mazkur so'z *qo'l* ma'nosini ifodalaydi. Asarda *og'izla* so'zi *taom emoq, iste'mol qilmoq* ma'nosida kelgan: *Yana ba'zilarni og'izlag'ani chorlar.*

Asarda *yadachi* so'zi muayyan faoliyat bilan bog'liq marosimni amalga oshiruvchi shaxs ma'nosida qo'llangan: *Sulton Abusaid mirzog'a xizmat qilg'on davrida yadachilik da'vosini qilur edi.* Mahmud Koshg'ariyning "Devonu lug'otit turk" asarida bu so'z *yomg'ir yoki shamolni talab qilish uchun maxsus toshlar (yada toshi) bilan fol ochish* ma'nosida izohlangan. Bobur O'sh haqida quyidagini yozadi: *Andijondan to'rt yig'ochlik yo'ldir.* Ayonki, ushbu jumladagi *yig'och* so'zi qadimgi turkiy so'z bo'lib, u ikkita – *daraxt* va *uzunlik o'lchovi* ma'nolida istifoda etilgan. Adib *yig'och* so'zini mazkur jumlada *uzunlik o'lchovi* ma'nosida qo'llagan. Asarda ko'plab harbiy-ma'muriy, kasb-hunar istilohlari, chunonchi, *tuman, ulus, eshikog'a, axtachi, tarxon, shig'ovul, sharbatchi, tug'chi, dorug'a, o'ron* kabilar ham uchraydi.

Adib *sart* so'zini tojik eli ma'nosida qo'llagan. Marg'ilon xususida gapirib, quyidagini yozadi: *Eli sort* (tojik)*dir, mushti yuguruk va serjanjal el.* Muallif Kobul viloyatidagi xalqlarning tili to'g'risida ma'lumot berar ekan, "sart" yoki "tojik" tilini eslamaydi, u arabiy, forsiy, turkiy, mug'uliy va boshqa tillarni eslaydi, xolos. YAna Bobur Marg'ilon elini ham "sartlar" deb ataydi. CHamasi, marg'ilonlik sartlar deyilganda ustachilik bilan shug'ullanuvchi (o'troq hayot kechiruvchi) toifa ko'zda tutilgan ko'rinadi. Bulardan anglashiladiki, *sart* atamasi o'sha chog'lar ham forsiy, ham turkiy tilli o'troq, shahar aholisiga nisbatan qo'llanilgan[45].

---

[45] Sodiqov Q. Turkiy til tarixi. –T.: 2009. –Б. 21.

Asarda kiyim-kechak nomlaridan *to 'n, ko 'ylak, belbog ', salla* bilan birga bugungi kunda qo'llanilmaydigan *bo 'rk* so'zi ham qo'llanilgan. Bu so'z qadimgi turkiy tilga oid bo'lib, *qalpoq, telpak* ma'nosini ifodalaydi [NAL, 141].

Bobur asarlari XV-XVI asr o'zbek tili, umuman, o'zbek tili tarixini tadqiq etishda katta ahamiyatga egadir.

MUHAMMAD SOLIH ASARLARINING TIL XUSUSIYATLARI

Muhammad Solih (1455-1535) o'z davrining eng mashhur shoirlaridan biri bo'lib, Xorazm hokimi amir Nursaidbek oilasida tug'ilgan. Bobosi Shohmalik Ulug'bek saroyida, otasi Nursaidbek esa Ulug'bek, Jo'gi Mirzo, Abu Said saroylarida e'tiborli arboblardan bo'lgan. Alisher Navoiy "Majolisun nafois" asarida Muhammad Solih va uning avlodlari xususda quyidagilarni yozadi: "Ismi munosabati bila, Solih taxallus qilur. Nur Saidbek o'g'li durur kim, ko'p vaqtlar Chahorjo'y navohisiddin Adoq navohisig'a degincha amorat qildi va Sulton Abu Said mirzo eshigida, Ulug'bek va Jo'gi mirzo eshigida sohib ixtiyor va jumlatul-mulk erdi. Ammo bag'oyat badfe'l va badxulq kishi erdi". Alisher Navoiy asarida Muhammad Solihni otasiga nisbatan tamoman boshqacha xarakterga ega ekanligini aytib, unga quyidagicha ta'rif beradi: "O'zi muloyim yigitdur. Atvorining otasi atvorig'a nisbati yo'qdur. Ta'bida xeli diqqat va choshni (*maza, ta'm; bahra* – Y.S.) bor. Xatqa ham qobiliyati ko'pdur".[46]

Muhammad Solih yoshligida dastlab Xorazmda savod chiqaradi. Otasini Sulton Abu Said mirzo qatl ettirib, mol-mulkini musodara qilgandan keyin Muhammad Solihni Hirotda Aburahmon Jomiy o'z panohiga oladi va unga ilm o'rgatadi. Otasi vafot etgandan keyin Husayn Boyqaro va boshqa temuriylar saroyida ma'lum muddat xizmat qiladi. Temuriylar dargohida ko'ngli

---

[46] Навоий. Мажолисун нафоис. Танланган асарлар. 3 томли. –Т.: Фан, 1948. –Т. 3. –Б. 115.

tilaganday katta mavqega erisholmagan va otasining o'limiga sababchi bo'lgan temuriyzodalar bilan ishlashni xohlamaganligi bois 1499-yili Shayboniyxon xizmatiga kiradi.

Shoir Shayboniyxon huzurida yuqori martabalarga erishadi. Buxoro, Chorjo'y, Niso viloyatlari hokimi vazifasida faoliyat yuritadi, «Amir ul-ulamo», «Malik ush-shuaro» unvonlariga sazovor bo'ladi. Muhammad Solih ikki – turkiy va forsiy tillarda ijod qilgan. O'zbek adabiyoti tarixida ilk realistik tarixiy doston – "Shayboniynoma"ni yozgan. Doston 8880 misra, 76 bobdan iborat.

"Shayboniynoma" asarida XV-XVI asr boshlaridagi voqealar aks etgan. Asar badiiyat nuqtai nazardangina emas, balki tarixiy, etnografik, geografik, lingvistik jihatlarga ko'ra ham muhim ahamiyatga ega. Dostonning asl nusxasi topilgan emas, ammo shoir hayotligida Qosim kotib tomonidan 1510-yilda ko'chirilgan qo'lyozma nusxasi Venada saqlanadi. G.Vamberi asarni nemis tiliga tarjima qilib, 1885-yili nashr ettirgan. Asar Sankt-Peterburg (1904) va Toshkentda (1961, 1989) ham nashr etilgan.

Vamberi Muhammad Solihning «Laylo va Majnun» nomli turkcha go'zal dostoni borligini xabar bergan, lekin u topilgan emas. «Qomus ul-a'lom» va «Noz va Niyoz» manzumasi Muhammad Solihga nisbat berilgan, biroq Nisoriy «Muzakkiri ahbob»da uning muallifini Baqoiy deb ko'rsatadi[47].

Shayboniyxon dargohida xizmat qilgan Kamolliddin Binoiyning ham "Shayboniyxon" degan asari mavjud. Biroq u fors tilida yozilgan. Muhammad Solihning "Shayboniynoma" asari xalq tiliga asoslanganligi, sodda va ochiq uslubda yozilganligi, yaxshi tushunilib o'qilishiga ko'ra shoir yashagan davrda yaratilgan boshqa badiiy asarlardan alohida ajralib turadi.

Muhammad Solihning "Shayboniynoma" dostoni o'zbek mumtoz adabiyotida alohida o'rin tutadi. Unda temuriylarning inqirozi, yangi shayboniylar saltanatining qaror topishi bilan bog'liq bo'lgan tarixiy voqealar qalamga olingan.

---

[47] Ўзбекистон миллий энциклопедияси. 12 жилдлик. –Т.: ЎзМЭ, 2005-2008. –Т. 3. 2006. –Б. 926.

Muhammad Solih Navoiy an'analaridan unumli foydalandi, adabiy tilni xalq jonli tiliga yaqinlashtirishga harakat qildi, yangi leksik elementlar hisobiga oʻzbek adabiy tilini boyitdi. Shoir sinonimlardan asari tilini boyitish, ta'sirchan etish maqsadida ulardan keng foydalandi.

«Shayboniynoma» asarida hozirgi oʻzbek adabiy tilida qoʻllanilmaydigan ayrim leksik birliklar uchraydi. Ular jumlasiga *karpich* (gʻisht), *qabqa* (darvoza), *qarincha* (chumoli), *yumurta* (tuxum), *qarogʻ* (koʻz qorachigʻi), *obagʻa* (bobo), *abagʻa* (amaki), *yagʻi* (dushman) kabilarni aytib oʻtish mumkin. Mazkur soʻzlarning ba'zilari, chunonchi, *karpich* (gʻisht), *qarincha* (chumoli), *yumurta* (tuxum) kabilar oʻgʻuz sheva vakillari tilida hozir ham qoʻllaniladi.

Doston tilida maishiy va harbiy sohaga oid soʻzlar juda koʻplab uchraydi. Masalan: mato va palos nomlaridan *alocha, deba, gali, namadi shatranjip;* may idishi nomlaridan *koʻraki, mashraba;* qurol nomlaridan *sagʻit, dubulgʻa, zanuband;* jangchilar turadigan joy nomlaridan *peshxana, saraparda, bavarjixan* kabilar qoʻllanilgan. Asar tili urugʻ va qabila nomlariga juda boy. Ulardan, ayniqsa, *doʻrmon, burqut, sulduz, nukuz, mangʻit, nayman, jaloyir, qarliq* kabi urugʻ va qabila nomlari koʻp qayd etilgan. Uning asari tilida *niso-xotin-ayol*, *dushman-xas-jov-aduv-yagi, xalq-ulus-el-raiyat, xotima-soʻng-oxir, razil-tuban-past-olchoq-nokas* kabi sinonimlar koʻp uchraydi.

Muhammad Solih omonim soʻzlardan mahorat bilan foydalanib, betakror badiiy san'atlarni yaratishga muvaffaq boʻldi. Misol:

Sahibi jilvada böstan ichida,

Qan yutub sahibi qörgʻan ichida.

Mazkur baytning birinchi misrasidagi *sahibi* soʻzi *uzum nomi*, ikkinchi misrasidagi *sahibi* soʻzi esa *egasi, xoʻjayini* ma'nosida qoʻllanilgan.

Muhammad Solih asari tilining oʻziga xos jihatlaridan biri shundaki, unda jamlovchi son *-ala* affiksi bilan hosil qilingan. Masalan, *uchalasi, törtäläsi* kabi. Asardagi sonlarning shakli hozirgi oʻzbek tilidagi kabi shakllardan katta farq qilmaydi. Faqat tartib sonlar *–nch // -inch* shaklida qoʻllangan: *ikkinch, beshinch*

67

kabi. Asar tilida *tuman* (o'n ming), *lak* (yuz ming), *yuz tuman* (million) kabi sonlar ham uchraydi. Ko'makchilardan *qatï, üzə, tegi* kabilar qo'llanilgan.

Muhammad Solih adabiy til borasida Alisher Navoiy an'analarini sadoqat bilan davom ettirib, o'zbek adabiy tili taraqqiyotiga ulkan hissa qo'shdi.

ADABIYOTLAR

- Абдураҳмонов Ғ., Рустамов А. Қадимги туркий тил. -Т.: Ўқитувчи, 1982. -166 б.
- Алиев А., Содиқов Қ. Ўзбек адабий тили тарихидан. –Т.: Ўзбекистон, 1994. -178 б.
- Мухторов А., Санақулов У. Ўзбек адабий тили тарихи. -Т.: Ўқитувчи, 1995. -158 б.
- Rahmonov N., Sodiqov Q. O`zbek tili tarixi. -T.: O`zbekiston faylasuflari milliy jamiyati , 2009. -158 b.
- Турсунов У., Ўринбоев Б., Алиев А. Ўзбек адабий тили тарихи. -Т.: Ўқитувчи, 1995. -182 б.
- Saidov Y. O`zbek adabiy tili tarixi. (O`quv qo`llanma). –T.: Durdona, 2019. -192 b.
- Абдураҳмонов Ғ., Рустамов А. Навоий тилининг грамматик хусусиятлари. –Тошкент: Фан, 1984. -160 б.
- Абдураҳмонов Ғ. Ўзбек халқи ва тилининг шаклланиши ҳақида. –Т.: 1999. -98 б.
- Аширбоев С., Раҳматов М. Ўзбек адабий тили тарихи. –Т.: ТДПУ, 2003.
- Аҳмедов Б. Ўзбек улуси. –Т.: Мерос, 1992. -167 б.
- Баскаков Н. Тюркские языки. - М.: 1960.
- Бафоев Б. Навоий асарлари лексикаси. -Тошкент: Фан, 1983. -157 б.

- Бегматов Э. Ҳозирги ўзбек адабий тилининг лексик қатламлари. -Т.: Фан, 1985. -198 б.

- Дониёров Х. Ўзбек халқининг шажара ва шевалари. –Т.: Фан, 1968. -97 б.

- Исҳоқов Ё. Сўз санъати сўзлиги. -Т.: Зарқалам, 2006. -319 б.

- Исҳоқов Ф. Эски ўзбек тили ва ёзуви. –Т.: Ўқитувчи, 1995. 136 б.

- Нурмонов А. Ўзбек тилшунослиги тарихи. –Т.: Ўзбекистон, 2002. -232 б.

- Содиқов Қ. Туркий ёзма ёдгорликлар тили: адабий тилнинг юзага келиши ва тикланиши. –Т.: ТошДШИ, 2006.

- Содиқов Қ. Тарихий лексикография / Ўқув қўлланма. –Т.: ТошДШИ, 2012. -357 б.

- Фитрат. Тилимиз / Танланган асарлар. -Т.: Маънавият, 2006. –Б. 124-131.

- Фозилов Э. Қадимги обидалар ва Алишер Навоий тили. -Т.: Фан, 1969.

- Холманова З. "Бобурнома" лексикаси. - Т.: 2007.

- Шониёзов К. Ўзбек халқининг шаклланиш жараёни. –Т.: Шарқ, 2001. –462 б.

- Ўзбек тили лексикологияси. –Т.: Фан, 1981.

- Ўзбекистон тарихи / Дарслик. –Т.: Янги аср авлоди, 2003.

- Ўзбекистон миллий энциклопедияси. 12 жилдлик. –Т.: ЎзМЭ, 2005-2008.

- Қодиров П. Тил ва эл. –Т.: Маънавият, 2010. -294 б.

- Ҳусайний. А. Бадойиъ-ус-санойиъ. -Т.: Ғ. Ғулом номли адабиёт ва санъат нашриёти, 1981. - 400 б.

- XIII-XIV асрлар туркий адабий ёдгорликлар тили. –Т.: Фан, 1986. –286 б.

Электрон манбалар

- www. literature.uz.
- http://en.wikipedia.org/wiki/Structuralism.
- http://www.brocku.ca/english/courses/4F70/struct.html.
- http://www.utpa.edu/faculty/mglazer/Theory/structuralism.htm.
- http://www.eng.fju.edu.tw/Literary_Criticism/structuralism.
- www.catuzmu.

MUNDARIJA